조성욱의 시편 산책

조성욱의

시편 산책

홍성사

일러두기

• 본문의 성경 구절은 개역개정을 사용했습니다.

내가 그리스도 안에 있는 한 사람을 아노니 그는 십사 년 전에
셋째 하늘에 이끌려 간 자라(그가 몸 안에 있었는지 몸 밖에
있었는지 나는 모르거니와 하나님은 아시느니라) (고후 12:2)

　　바울 사도의 고백을 읽으면서 저 자신을 돌아봅니다.
14년 전에 출간한 《시편으로 고백하는 하나님 사랑》이후
두 번째 시편 묵상집을 세상에 내놓으면서 제 영성을
돌아봅니다. '더 맑아졌는가?' 그때 이후로 '무릎행전
목회'를 계속해 왔음에도 여전히 두렵고 떨리는 마음뿐…,
나이가 들어 어느덧 육십 고개를 넘었으나 여전히 성경은
어렵기만 합니다.

　　14년 전 쓴 글에는 자신감이 넘쳤으나 지금은
부끄러울 뿐입니다. 그럼에도 또 글을 세상에 내놓습니다.
저를 용서해 주십시오.

　　사랑하고 축복합니다.

조성욱 올림

차례

내 인생에 시편이 없었더라면[1]

누구에게나 인생의 굴곡이 있다. 인생 여정은
탄탄대로만 있는 것이 아니다. 때론 좁은 길, 골목길, 갈림길,
숲속 길, 낭떠러지 곁길, 아득한 길, 미끄러운 비탈길,
오르막길, 내리막길, 즐거운 길, 눈물 골짜기, 아골 골짜기를
걸어가야만 한다. 이스라엘 백성은 광야를 통과할 때
결단해야 했다. 첫째는 하나님만을 신뢰할 것, 둘째는
불평하지 않는 것, 셋째는 광야 너머 가나안 땅이 있음을
믿는 것, 넷째는 함께하는 것이다. 하지만 이스라엘 백성은
크고 무서운 광대한 광야 앞에서 좌절하고 넘어지고

---

1 이 글은 〈기독공보〉에 게재했던 글을 수정한 것으로 '콜 드마마 다카(קוֹל דְּמָמָה דַקָּה
조용하고 여린 소리—원문 그대로 번역하면 소리, 침묵, 일초라는 뜻이다.)', 즉
하나님으로부터 들려오는 세미한 음성에 집중하여 하나님의 마음을 헤아리기
위해 훈련한 결과물이다. 이 아이디어는 마틴 슐레스케의 《바이올린과 순례자》
(유영미 옮김, 니케북스, 2018)에서 얻었음을 밝힌다.

불평했다.

내가 살아온 인생도 결코 쉽지 않았다. 소아마비, 대학 실패, 동생의 죽음, 가정의 실패, 유학의 어려움, 경제적 곤궁, 고독……. 그러나 이러한 어려움은 어느새 아련한 추억이 되었고 현재 나의 삶은 떠오르는 태양처럼 주님과 함께 하나님의 영광을 위하여 비상하고 있다[2]. 어떻게 어려움을 이겨낼 수 있었을까 생각할 때 시편 말씀이 떠올랐다.

고독 가운데 있을 때

하나님이여 사슴이 시냇물을 찾기에 갈급함 같이 내 영혼이 주를 찾기에 갈급하니이다 내 영혼이 하나님 곧 살아 계시는 하나님을 갈망하나니 내가 어느 때에 나아가서 하나님의 얼굴을 뵈올까 (시 42:1-2)

고난을 당할 때

이 말씀은 나의 고난 중의 위로라 주의 말씀이 나를 살리셨기

---

2   히브리어로 영광을 위해 비상하라는 표현은 '알리야 레브라카'이다.

때문이니이다 (시 119:50)

경제적 곤궁을 겪을 때

내가 산을 향하여 눈을 들리라 나의 도움이 어디서 올까 나의
도움은 천지를 지으신 여호와에게서로다 (시 121:1-2)

병들어 죽게 되었을 때

그가 네 모든 죄악을 사하시며 네 모든 병을 고치시며 네
생명을 파멸에서 속량하시고 인자와 긍휼로 관을 씌우시며
좋은 것으로 네 소원을 만족하게 하사 네 청춘을 독수리 같이
새롭게 하시는도다 (시 103:3-5)

힘 잃고 지쳐 있을 때

나의 힘이신 여호와여 내가 주를 사랑하나이다 여호와는
나의 반석이시요 나의 요새시요 나를 건지시는 이시요 나의
하나님이시요 내가 그 안에 피할 나의 바위시요 나의 방패시요
나의 구원의 뿔이시요 나의 산성이시로다 (시 18:1-2)

마음의 소원이 있을 때

또 여호와를 기뻐하라 그가 네 마음의 소원을 네게 이루어
주시리로다 (시 37:4)

이방 땅에 있을 때

우리가 바벨론의 여러 강변 거기에 앉아서 시온을 기억하며
울었도다 그 중의 버드나무에 우리가 우리의 수금을 걸었나니
이는 우리를 사로잡은 자가 거기서 우리에게 노래를 청하며
우리를 황폐하게 한 자가 기쁨을 청하고 자기들을 위하여
시온의 노래 중 하나를 노래하라 함이로다 우리가 이방 땅에서
어찌 여호와의 노래를 부를까 (시 137:1–4)

삶이 형통하기를 원할 때

오직 여호와의 율법을 즐거워하여 그의 율법을 주야로
묵상하는도다 그는 시냇가에 심은 나무가 철을 따라 열매를
맺으며 그 잎사귀가 마르지 아니함 같으니 그가 하는 모든
일이 다 형통하리로다 (시 1:2–3)

앞길의 장애물이 두려울 때

주의 법을 사랑하는 자에게는 큰 평안이 있으니 그들에게
장애물이 없으리이다 (시 119:165)

유혹 가운데 있을 때

내가 주께 범죄하지 아니하려 하여 주의 말씀을 내 마음에
두었나이다 (시 119:11)

말씀의 능력을 믿고 싶을 때

그가 그의 말씀을 보내어 그들을 고치시고 위험한 지경에서
건지시는도다 (시 107:20)

하나님의 인도하심을 기대할 때

여호와는 나의 목자시니 내게 부족함이 없으리로다 그가
나를 푸른 풀밭에 누이시며 쉴 만한 물 가로 인도하시는도다
내 영혼을 소생시키시고 자기 이름을 위하여 의의 길로
인도하시는도다 내가 사망의 음침한 골짜기로 다닐지라도

해를 두려워하지 않을 것은 주께서 나와 함께 하심이라 주의
지팡이와 막대기가 나를 안위하시나이다 (시 23:1-4)

인생이 별것 아님을 기억하고 싶을 때

우리의 모든 날이 주의 분노 중에 지나가며 우리의 평생이
순식간에 다하였나이다 우리의 연수가 칠십이요 강건하면
팔십이라도 그 연수의 자랑은 수고와 슬픔뿐이요 신속히 가니
우리가 날아가나이다 누가 주의 노여움의 능력을 알며 누가
주의 진노의 두려움을 알리이까 우리에게 우리 날 계수함을
가르치사 지혜로운 마음을 얻게 하소서 (시 90:9-12)

하나님을 경외하면 어떤 복이 임하는지 알고 싶을 때

여호와의 천사가 주를 경외하는 자를 둘러 진 치고 그들을
건지시는도다 너희는 여호와의 선하심을 맛보아 알지어다
그에게 피하는 자는 복이 있도다 너희 성도들아 여호와를
경외하라 그를 경외하는 자에게는 부족함이 없도다 (시 34:7-9)

시편은 하나님이 주신 큰 복이다. 시편은 신앙의 선배들이
광야 같은 인생길을 걸어가며 어려움을 만날 때마다 그것을

극복한 이야기가 차곡차곡 쌓인 보고이기 때문이다.

이스라엘 유학 시절뿐 아니라 서울로 돌아온 현장 목회자에게
시편의 고백은 여전히 살아 숨 쉬며 움직이는 힘이 되어
준다. 요즘 붙들고 사는 시편 말씀 때문에 마음이 든든하다.
나를 살리셨고 살리실 시편 말씀을 사랑한다.

내 영혼이
갈급할 때에

하나님이여 사슴이 시냇물을 찾기에 갈급함 같이
내 영혼이 주를 찾기에 갈급하니이다

시편 42편은 고라 자손이 지은 승리자를 위한
지혜시이다. 시인은 암사슴이 시냇물을 찾아 갈급함같이
내 영혼도 살아 계신 하나님을 향하여 갈급하다고 고백하고
있다.

예배를 갈망합니다

언제나 주님 앞에 나아가 나를 드러낼 수 있을까?
예배란 나를 드러냄이다. 예배를 뜻하는 히브리어 두
단어가 있다. '히슈타하베(הִשְׁתַּחֲוָה לַיהוָה 엎드리다, 경배하다, "여호와께

경배할지어다"—대상 16:29)', '오베드(עוֹבֵד 일하다, "그의 이름을 오벳이라
하였는데 그는 다윗의 아버지인 이새의 아버지였더라"—룻 4:17)'. 예배란
무엇인가? 첫째, 주 앞에 엎드리며 나를 드러내는 것이다.
허물과 죄를 숨김없이 드러내놓고 사죄의 엎드림을 갖는
것이다. 둘째, 주님이 기뻐하시는 일을 수행하는 것이다.
청지기로 소명을 감당하는 것을 의미한다.

하나님을 갈망합니다

하나님이여 사슴이 시냇물을 찾기에 갈급함 같이 내 영혼이
주를 찾기에 갈급하니이다 내 영혼이 하나님 곧 살아
계시는 하나님을 갈망하나니 내가 어느 때에 나아가서
하나님의 얼굴을 뵈올까 사람들이 종일 내게 하는 말이 네
하나님이 어디 있느뇨 하오니 내 눈물이 주야로 내 음식이
되었도다 (1-3절)

광야의 목마른 사슴이 물을 찾고 있다. 사슴은 샘이
아니라 흐르는 시냇물을 찾고 있다. 시인은 지금 환난
가운데 있다. 불신자들의 조롱에 눈물을 음식처럼 섭취하고
있다. 잃어버린 하나님, 잃어버린 예배 처소, 잃어버린
예배자로 인한 절망으로 하나님을 찾는 시인에게서 세속

사회를 살아가는 그리스도인들의 고뇌를 발견한다. 함께 예배하는 자들을 잃고 예배의 감격과 기쁨과 감사가 사라진 지금, 시인은 황폐해진 예배 처소를 바라보며 절규한다.

성일을 지키는 무리와 동행하여 기쁨과 감사의 소리를 내며 그들을 하나님의 집으로 인도하였더니 이제 이 일을 기억하고 내 마음이 상하는도다 (4절)

위기를 벗어나는 방법

이 위기를 어떻게 벗어날 수 있을까? 시인은 자신을 다독이고 시선을 하나님께 고정하며 고백한다.

내 영혼아 네가 어찌하여 낙심하며 어찌하여 내 속에서 불안해하는가 너는 하나님께 소망을 두라 그가 나타나 도우심으로 말미암아 내가 여전히 찬송하리로다 (5절)

시인은 절망 가운데 위기를 탈출하는 세 가지 해법을 발견한다.

첫째, 주님을 기억하는 것이다.

내 하나님이여 내 영혼이 내 속에서 낙심이 되므로 내가 요단

땅과 헤르몬과 미살 산³에서 주를 기억하나이다 (6절)

둘째, 주님의 능력을 기대하는 것이다.

주의 폭포 소리에 깊은 바다가 서로 부르며 주의 모든 파도와
물결이 나를 휩쓸었나이다 (7절)

셋째, 생명의 하나님께 기도하는 것이다.

낮에는 여호와께서 그의 인자하심을 베푸시고 밤에는 그의
찬송이 내게 있어 생명의 하나님께 기도하리로다 (8절)

시편 42편의 대합창

내 영혼아 네가 어찌하여 낙심하며 어찌하여 내 속에서
불안해 하는가 너는 하나님께 소망을 두라 나는 그가 나타나
도우심으로 말미암아 내 하나님을 여전히 찬송하리로다 (11절)

---

3 요단 땅과 헤르몬 산과 미살 산의 의미는 중심이 아닌 주변에 머무는 상태이다.
   요단 땅은 약속의 땅 건너편이다. 헤르몬 산은 북쪽 경계이며 미살 산은 작은 산을
   뜻한다.

5절에 이어 시인은 마지막으로 한 번 더 하나님을 송축하며 하나님의 도우심에 소망을 둔다. 하나님은 살리는 분이시다. 예수를 만나면 죽은 자가 살아나고(마 11:5), 관점이 바뀌며(마 9:24, 요 11:11), 죽어도 살고(요 11:25), 영원한 생명을 얻는다(요 11:26).

영혼이 낙심되고 불안할 때 하나님께 소망을 두자. 엘 하이, 살아 계신 하나님이 도우실 것이다. 생명의 근원이신 하나님이 생명의 기운을 불어넣어 주실 것이다. 바울의 고백처럼 하나님은 만물을 살게 하시며(딤전 6:13), 오직 그에게만 죽지 아니함이 있다(딤전 6:16).

광야 같은 삶 속에서 우리를 살게 하시는 엘 하이, 살아 계신 하나님께 소망을 두자. 아랍 격언에 '햇볕만 받는 땅은 사막이 되어 버린다'는 말이 있듯이 언제나 좋은 일만 있는 것은 인생을 사막으로 만들 수 있다. 환난은 때로 우리에게 유익한 것임을 받아들이자. "고난당한 것이 내게 유익이라 이로 말미암아 내가 주의 율례들을 배우게 되었나이다"(시 119:71).

탄식 가운데
임하는 빛

주의 빛과 주의 진리를 보내시어 나를 인도하시고
주의 거룩한 산과 주께서 계시는 곳에 이르게 하소서

시편은 보통 지은 이에 따라 다윗의 시, 고라 자손의 시,
솔로몬의 시, 모세의 시라는 이름이 붙거나, 시의 형태에
따라 다윗이 광야에 있을 때 한 기도, 성전에 올라가는 노래,
인도자를 따라 부르는 노래, 마스길 등으로 불린다. 그런데
시편 43편은 제목이 없다. 시편 43편은 어떤 시인가? 장르는
무엇인가? 탄식시인가, 찬송시인가? 광야의 노래인가,
성전에 오르는 노래인가? 43편이 42편 뒤에 배치된 이유는
무엇일까? 여러 질문이 제기되는 시이다. (42편 후렴구와 43편의
후렴구는 동일하다. 두 후렴구가 동일하기 때문에 현재 위치에 놓였을 가능성이 크다.)

영혼을 드리지 않는 사람들

하나님이여 나를 판단하시되 경건하지 아니한 나라에 대하여
내 송사를 변호하시며 간사하고 불의한 자에게서 나를
건지소서 (1절)

1절의 '경건하지 아니한 나라(גוֹי לֹא־חָסִיד 고이 로 하씨드)',
'간사하고 불의한 자(אִישׁ־מִרְמָה וְעַוְלָה 이쉬 미르마 베아블라)'는
이방 민족을 나타내는 히브리적 표현이다. '경건하지
아니한 나라'는 하나님의 은혜로 살아가기를 거부하고,
십자가 언약 안에 들어오기를 거부하는 나라를 의미한다.
'간사하고 불의한 자'는 속이는 자, 사악한 자를 의미한다.
시인은 지금 하나님의 은혜 없이 살아가는 나라가 시비를
걸어올 때 어떻게 해야 하는지를 고민한다. 간사한 자,
불의한 자가 괴롭힐 때, 원수가 억압해 올 때 어떻게 해야
할까?

어찌하여(לָמָה 라마)

주는 나의 힘이 되신 하나님이시거늘 어찌하여 나를
버리셨나이까 내가 어찌하여 원수의 억압으로 말미암아

슬프게 다니나이까 (2절)

시인은 탄식한다. 이 구절은 십자가상에서 외치신
예수 그리스도의 탄식과 동일하다 (시 22편). 선지자 하박국도
절규했다. "여호와여 내가 부르짖어도 주께서 듣지
아니하시니 어느 때까지리이까 내가 강포로 말미암아
외쳐도 주께서 구원하지 아니하시나이다 어찌하여 내게
죄악을 보게 하시며 패역을 눈으로 보게 하시나이까
겁탈과 강포가 내 앞에 있고 변론과 분쟁이 일어났나이다
이러므로 율법이 해이하고 정의가 전혀 시행되지
못하오니 이는 악인이 의인을 에워쌌으므로 정의가 굽게
행하여짐이니이다" (합 1:2-4). 하박국 선지자처럼 고난 받는
시인도 하나님께 호소한다. 하나님은 왜 원수의 억압을
그냥 두실까?

고난 가운데 임하는 빛

주의 빛과 주의 진리를 보내시어 나를 인도하시고 주의 거룩한
산과 주께서 계시는 곳에 이르게 하소서 (3절)

고난 가운데 필요한 것은 빛이다. 사도 요한은 하나님은

말씀이시요, 생명의 빛이라고 증언한다. 빛을 갈망하는
자에게 주님은 진리의 말씀이신 생명의 빛, 예수님을
보내어 치유하신다. 빛과 진리는 우리로 하여금 주께서
머무르시는 성소, 거룩한 산에 이르러 하나님을 경배하도록
한다. 경건한 가정, 교회, 사회, 나라를 이루는 힘은 바로
하나님을 예배하는 성소에서 솟아난다. 십자가에 달리신
예수 그리스도는 회복의 샘으로 고난 가운데 있는 우리를
건져 보혈로 성결케 하신 후 예배자로 살게 하신다.

내가 하나님의 제단에 나아가 나의 큰 기쁨의 하나님께
이르리이다 하나님이여 나의 하나님이여 내가 수금으로 주를
찬양하리이다 (4절)

믿음의 갈림길
앞에서

일어나 우리를 도우소서 주의 인자하심으로 말미암아
우리를 구원하소서

시편 44편은 고라 자손이 영원한 승리를 위해 부른
시다. 시는 시간적 배열 구성으로 어제와 오늘을 대조하며
메시지를 전달한다. 어제는 하나님의 사랑과 은혜 가운데
있었으나 오늘은 하나님께 매를 맞고 내쫓긴 처지이다.

과거

하나님이여 주께서 우리 조상들의 날 곧 옛날에 행하신 일을
그들이 우리에게 일러 주매 우리가 우리 귀로 들었나이다

주께서 주의 손으로 뭇 백성을 내쫓으시고 우리 조상들을 이
땅에 뿌리 박게 하시며 주께서 다른 민족들은 고달프게 하시고
우리 조상들은 번성하게 하셨나이다 그들이 자기 칼로 땅을
얻어 차지함이 아니요 그들의 팔이 그들을 구원함도 아니라
오직 주의 오른손과 주의 팔과 주의 얼굴의 빛으로 하셨으니
주께서 그들을 기뻐하신 까닭이니이다 (1–3절)

과거 이스라엘의 조상들은 하나님의 사랑과 은혜
가운데 번성하였다.

현재

이제는 주께서 우리를 버려 욕을 당하게 하시고 우리 군대와
함께 나아가지 아니하시나이다 주께서 우리를 대적들에게서
돌아서게 하시니 우리를 미워하는 자가 자기를 위하여
탈취하였나이다 주께서 우리를 잡아먹힐 양처럼 그들에게
넘겨 주시고 여러 민족 중에 우리를 흩으셨나이다 주께서
주의 백성을 헐값으로 파심이여 그들을 판 값으로 이익을 얻지
못하셨나이다 주께서 우리로 하여금 이웃에게 욕을 당하게
하시니 그들이 우리를 둘러싸고 조소하고 조롱하나이다
주께서 우리를 뭇 백성 중에 이야기 거리가 되게 하시며 민족

중에서 머리 흔듦을 당하게 하셨나이다 나의 능욕이 종일 내
앞에 있으며 수치가 내 얼굴을 덮었으니 나를 비방하고 욕하는
소리 때문이요 나의 원수와 나의 복수자 때문이니이다 (9–16절)

그러나 현재는 버림당하였고, 흩어졌고, 헐값으로 팔린
바 되었으며, 조롱과 능욕, 이야깃거리가 되어버렸다.

미래

이 모든 일이 우리에게 임하였으나 우리가 주를 잊지 아니하며
주의 언약을 어기지 아니하였나이다 우리의 마음은 위축되지
아니하고 우리 걸음도 주의 길을 떠나지 아니하였으나 ……
우리가 종일 주를 위하여 죽임을 당하게 되며 도살할 양 같이
여김을 받았나이다 주여 깨소서 어찌하여 주무시나이까
일어나시고 우리를 영원히 버리지 마소서 어찌하여 주의
얼굴을 가리시고 우리의 고난과 압제를 잊으시나이까 우리
영혼은 진토 속에 파묻히고 우리 몸은 땅에 붙었나이다
일어나 우리를 도우소서 주의 인자하심으로 말미암아 우리를
구원하소서 (17–18, 22–26절)

그래서 미래의 회복을 위한 신앙고백을 드린다. 회복을

위한 기도는 다음의 여섯 가지를 담고 있다. '깨어나소서', '일어나소서', '영원히 버리지 마소서', '잊지 마소서', '도와주소서', '구원해 주소서.' 신자에게 필요한 영성은 두 가지, 거룩한 삶과 은혜로 사는 삶이다. 거룩한 삶은 히브리어로 '크도쉼', 은혜로 사는 신자는 '하씨딤'이라고 부른다. 거룩한 삶은 여호와 하나님이 거룩하니 우리도 거룩하게 사는 것이고(레 19:2), 이 세상을 본받지 않고 마음을 새롭게 함으로 변화를 받아 하나님의 기쁘시고 온전하신 뜻을 분별하며 사는 삶이다(롬 12:2). 은혜로 사는 하씨딤의 삶은 동정녀 마리아에게 찾아온 가브리엘 천사의 말씀 속에서 엿볼 수 있다(눅 1:26-31).

고달픔과 번성의 교차로

만약 당신이 신앙의 길과 배교의 길 사이에 서 있다면 무엇을 선택할 것인가? 시인은 이 교차로에 서 있다. 옳은 선택을 하면 번영으로 갈 것이지만, 잘못 선택한다면 다시 고달픈 시절을 맞이할 것이다. 요셉에게는 이집트 광야가 교차로였다. 그것을 잘 통과하자 요셉에게는 밝고 희망찬 미래가 준비되어 있었다.

이스라엘에서의 삶은 내 인생의 교차로였다. 전혀 이해할 수 없는 히브리어, 낯설기만 한 유대 광야, 가족의

무너짐과 흩어짐, 끝을 알 수 없는 기다림, 겟세마네
동산에서 느꼈던 공포, 골고다 언덕 위의 외로움과 아픔.
하지만 주님은 교차로에서 방황하던 나에게 신호를
보여주셨다. '이쪽이다. 두려워하지 말고 따라오렴.'

　　교차로에서 바른 길을 선택하자. 그리고 선택한 후에는
뒤돌아보지 말자. 주님을 신뢰하며 그 성호를 송축하며
임마누엘 하나님을 자랑하며 앞으로 나아가자. 생명이
다하는 날까지.

　　　여호와는 나의 목자시니 내게 부족함이 없으리로다 그가
　　　나를 푸른 풀밭에 누이시며 쉴 만한 물 가로 인도하시는도다
　　　내 영혼을 소생시키시고 자기 이름을 위하여 의의 길로
　　　인도하시는도다 내가 사망의 음침한 골짜기로 다닐지라도
　　　해를 두려워하지 않을 것은 주께서 나와 함께 하심이라 주의
　　　지팡이와 막대기가 나를 안위하시나이다 (시 23:1-4)

영화로운
그의 나라에서

내가 왕의 이름을 만세에 기억하게 하리니 그러므로 만민이 왕을
영원히 찬송하리로다

이 시는 고라 자손의 시, 인도자를 따라 부르는
노래이다. 히브리어에는 노래를 뜻하는 단어 '쉬르', '자마르',
'호두'가 있다[4]. 여기선 '자마르'란 단어를 사용하는데 이는
레위기의 안식년에서 자주 사용하는 표현으로 '정제하다',
'가지치기하다'라는 뜻이다. '인도자를 따른다'의 히브리어
'메나쩨아흐'는 현재분사 형태로 표현된다. 히브리어는

---

4 '쉬르(שׁיר 시를 지어 노래하다), '자마르(זמרו 정제된 언어로 노래하라)',
   '호두(הודו 감사하라)'.

역동적이다. 현재분사는 현재의 진행형을 표기한 것으로
과거와 미래 사이의 현재를 움직이는 것으로 이해한다.
'니짜콘'은 승리를, '네짜흐'는 영원을 의미한다. 즉 지금
승리가 진행되고 있으며, 영원한 승리를 향해 달려가고
있다는 뜻이다. 이 시는 주님은 나의 목자시니, 주님의
인도를 따라가면 당연히 승리하게 될 것을 노래하는
시이다.

하나님은 누구신가?

하나님은 '지존자'이시다. 그분은 지존하신
하나님이시다. 하나님은 '두려운 분'이시다. 그분은 내가
경험할 수 있는 것 이상의 일을 하실 수 있는 두려운
분이시다. 하나님은 '위대하신 왕'이시다. 그분은 큰
왕이시며 온 땅의 임금이시다.

여호와께서 영원무궁 하도록 다스리시도다 (출 15:18)

그의 나라는 어떤 나라인가?

첫째, 은혜로운 나라이다.

왕은 사람들보다 아름다워 은혜를 입술에 머금으니 그러므로

하나님이 왕에게 영원히 복을 주시도다 (2절)

둘째, 영화로운 나라이다.

용사여 칼을 허리에 차고 왕의 영화와 위엄을 입으소서 왕은
진리와 온유와 공의를 위하여 왕의 위엄을 세우시고 병거에
오르소서 왕의 오른손이 왕에게 놀라운 일을 가르치리이다
왕의 화살은 날카로워 왕의 원수의 염통을 뚫으니 만민이 왕의
앞에 엎드러지는도다 하나님이여 주의 보좌는 영원하며 주의
나라의 규는 공평한 규이니이다 (3-6절)

셋째, 정의로운 나라이다.

왕은 정의를 사랑하고 악을 미워하시니 그러므로 하나님
곧 왕의 하나님이 즐거움의 기름을 왕에게 부어 왕의
동료보다 뛰어나게 하셨나이다 왕의 모든 옷은 몰약과
침향과 육계의 향기가 있으며 상아궁에서 나오는 현악은
왕을 즐겁게 하도다 (7-8절)

왕을 섬기는 사람들
왕을 섬기는 사람들은 어떤 이들인가? 왕을 섬기는

사람들은 하나님과 영원한 언약을 맺은 사람들이고(창 17:5-7),
주가 택하신 족속이다(벧전 2:9-10). 어떻게 왕을 섬길 수
있을까?

> 왕이 가까이 하는 여인들 중에는 왕들의 딸이 있으며
> 왕후는 오빌의 금으로 꾸미고 왕의 오른쪽에 서도다 딸이여
> 듣고 보고 귀를 기울일지어다 네 백성과 네 아버지의 집을
> 잊어버릴지어다 그리하면 왕이 네 아름다움을 사모하실지라
> 그는 네 주인이시니 너는 그를 경배할지어다 …… 왕의
> 아들들은 왕의 조상들을 계승할 것이라 왕이 그들로 온 세계의
> 군왕을 삼으리로다 내가 왕의 이름을 만세에 기억하게 하리니
> 그러므로 만민이 왕을 영원히 찬송하리로다 (9-11, 16-17절)

> 내 마음이 좋은 말로 왕을 위하여 지은 것을 말하리니 내 혀는
> 글솜씨가 뛰어난 서기관의 붓끝과 같도다 (1절)

신령과 진정으로 왕이신 하나님을 섬기자. 글솜씨가
뛰어난 서기관의 붓끝처럼 왕이 보내신 메시아를 글로
적고, 혀로 전하자. 예수님의 아름다운 이야기를 전하자.

> 누가 사람의 입을 지었느냐 누가 말 못 하는 자나 못 듣는 자나

눈 밝은 자나 맹인이 되게 하였느냐 나 여호와가 아니냐 이제

가라 내가 네 입과 함께 있어서 할 말을 가르치리라 (출 4:11–12)

주의 새벽 날개
아래

하나님은 우리의 피난처시요 힘이시니
환난 중에 만날 큰 도움이시라

시편 46편에는 '셀라(סֶלָה)'가 세 번 나온다. 3절, 7절,
11절에 걸쳐 등장하는 '셀라'는 '숨(rest)', '쉼(retreat)'이라는
뜻이다. 숨의 시간, 쉼의 시간. "저녁이 되고 아침이
되니"(창 1:31). 하나님은 6일 동안 일하셨고 7일째 되는 날
쉬셨다. 하나님이 일하신 6일은 우리의 시간이 아니고
창조의 시간, 즉 하나님의 시간이다. 우리의 시간은 비로소
안식일부터 시작된다. 먼저 주님 안에서 안식하고 쉼을
얻을 때 비로소 새로운 숨을 쉬게 되며 새로운 한 주를 일할
힘을 얻게 될 것이다.

알라못, 죽음에 관한 노래

죽음은 문자 그대로 볼 수도 있지만, 각종 환난들을
집합시킨 것으로 볼 수도 있다. 우리는 심판과 죽음이
있다는 것을 항상 염두에 두고 행동해야 한다. 총체적
환난을 죽음이라고 할 때 우리는 키르케고르가 말하는
'죽음에 이르는 병'을 앓고 있는 사람들이다. 우리는 최후의
심판장 앞에 서게 될 것이다. 죽음을 향해 나아가고 있는
사람들이 부르는 노래가 본 시편이다.

피난처, 요새, 도움 되시는 하나님

피난처 '마하쎄(מחסה)'의 명사형 '하쑤트'는 '보호'라는
뜻으로, '덮개'를 뜻하기도 한다. 하나님은 덮어주시는
분이시다. 하나님께서 덮어주신다는 것은 죄를 용서하고
품어주신다는 것이다. 피난처는 '접근할 수 없는 높은 곳'을
뜻하기도 한다. 하나님이 우리를 보호하시는 곳은 사탄과
악인들이 도저히 도달할 수 없는 곳이다.

힘을 나타내는 '오즈(עז)' 앞에 마를 붙이면 '마오즈',
요새라는 뜻이 된다. 지금 고라 자손은 '하나님은 나의
힘, 나의 요새'라 노래하고 있는 것이다. 이들은 지금
'알라못(עלמות)', 즉 각종 환난이 가득한 죽음을 노래하는
가운데 덮어주시고 보호해주시며 높은 곳에 올려주시는

하나님을 노래함으로써 환난당한 사람들을 위로하고 있다.

도움을 뜻하는 '에제르(עֵזֶר)'는 아담에게 꼭 맞는 배필을 뜻하는 말로, 내게 없는 것을 갖고 있는 사람을 말한다. 주님은 바로 그 도움이시다. 성경에 '엘리에젤', '에벤에젤'이란 표현들이 나오는데 뜻은 '나의 하나님은 도움이시다', '도움의 돌'이다.

> 그가 땅 끝까지 전쟁을 쉬게 하심이여 활을 꺾고 창을 끊으며
> 수레를 불사르시는도다 (9절)

새벽에 도우시는 하나님

시인은 지금 환난 가운데 있다. 이것은 자신의 입지가 좁아진 상태를 뜻한다. 하나님의 보호와 힘과 도움을 어디에서 만날 수 있는가? 하나님의 행적을 보라. 하나님이 우리와 함께하신다.

> 와서 여호와의 행적을 볼지어다 그가 땅을 황무지로
> 만드셨도다 …… 이르시기를 너희는 가만히 있어 내가 하나님
> 됨을 알지어다 내가 뭇 나라 중에서 높임을 받으리라 내가
> 세계 중에서 높임을 받으리라 하시도다 (8,10절)

하나님이 그 성 중에 계시매 성이 흔들리지 아니할 것이라
새벽에 하나님이 도우시리로다 (5절)

특별히 새벽에 하나님을 바라보자. 새벽을 깨워
기도하면 복이 임한다. 평광교회에 부임하고 나서 처음 한
일은 새벽기도를 두 번에 걸쳐 드린 것이다. 새벽기도를
여러 번 드린 후로 하나님께서는 많은 은혜를 체험하게
하셨다. 교회 역시 은혜 가운데 성장할 수 있는 복을
내려주셨다. 목회자는 새벽 무릎으로 주님 앞에 나아가야
한다.

왕을
찬양하라

하나님은 온 땅의 왕이심이라 지혜의 시로 찬송할지어다

시편 47편은 영원한 승리를 위한 정제된 시, 고라
자손의 노래이다. 하나님께 찬송드리는 모습이 아름답다.
손뼉을 치고, 즐거운 소리를 외치고. 이렇게 찬양을 드려야
할 이유는 무엇일까?

찬양 중에 올라가시는 주

여호와는 지존하시며 두려우신 분이기 때문이다.
여호와는 온 땅의 큰 왕이시기 때문이다. 여호와께서
우리에게 승리와 기업을 주셨기 때문이다. 여호와께서

우리를 사랑하셨기 때문이다. 찬송을 올려드릴 때 하나님은
어떻게 반응하시는가? 즐거운 함성 중에 올라가신다.
나팔소리 중에 올라가신다.

> 찬송하라 하나님을 찬송하라 찬송하라 우리 왕을
> 찬송하라 하나님은 온 땅의 왕이심이라 지혜의 시로
> 찬송할지어다 (6–7절)

이스라엘의 대합창

> 찬송하라 하나님을 찬송하라 찬송하라 우리 왕을 찬송하라
> (6절)

온 인류를 구원하시는 하나님을 찬송하라. 모든
방패는 하나님의 것이다. 높임을 받으시기에 합당하신
하나님을 찬양하라. 이스라엘 백성들은 홍해를 건넌 후
왕을 찬양했다(출 15:18). 시편 기자도 왕이신 하나님을
찬양한다(시 145:1, 13). 예수께서 탄생하셨을 때 천군 천사도
하나님을 찬송하였다(눅 2:13-14). 그리고 구원받은 성도들이
영원히 주님을 찬송할 것이다.

내가 또 보고 들으매 보좌와 생물들과 장로들을 둘러 선

많은 천사의 음성이 있으니 그 수가 만만이요 천천이라 큰

음성으로 이르되 죽임을 당하신 어린 양은 능력과 부와 지혜와

힘과 존귀와 영광과 찬송을 받으시기에 합당하도다 하더라

내가 또 들으니 하늘 위에와 땅 위에와 땅 아래와 바다 위에와

또 그 가운데 모든 피조물이 이르되 보좌에 앉으신 이와 어린

양에게 찬송과 존귀와 영광과 권능을 세세토록 돌릴지어다

하니 네 생물이 이르되 아멘 하고 장로들은 엎드려 경배하더라

(계 5:11-14)

예배의 회복을
꿈꾸며

이 하나님은 영원히 우리 하나님이시니 그가 우리를 죽을 때까지
인도하시리로다

하나님은 영원히 우리의 하나님이시다. 그분은
우리를 죽을 때까지 인도하신다. 시편 48편은 고라 자손이
예루살렘에 대해 쓴 시로, 순례자들이 부르는 예루살렘
시편이다. 이 시는 시편 45편처럼 '자마르(절제된 언어)'로
하나님의 의지에 나를 내려놓는 의미를 가진다. 고라
자손은 과거가 좋은 집안이 아니었다. 그러나 그들은
예루살렘을 꿈꾸며 노래했다. 작은 변방 지방에서 가장
아름다운 시를 썼다. 고라 자손처럼 비록 조명받지
못한다고 하더라도, 주변부를 튼튼하게 지켜내는 것 역시

가치 있고 아름다운 일이 아닐까?

하나님의 성

예루살렘이 중요한 이유가 무엇일까? 거룩을 경험할 수
있고, 아름다운 곳이며 피난처이기 때문이다. 예루살렘은
만군의 여호와의 성읍이다. '만군'으로 번역한 히브리어
'쯔바옷'은 '하나님이 창조하신 모든 자원을 동원하심'을
뜻한다. 하나님은 시간과 공간을 여시는 분이다. 아무것도
없는 곳에서 위대함을 나타내실 것이다. 하나님께 영광
돌리면 하나님은 모든 자원을 동원하셔서 도와주실
것이다. 하나님의 성읍은 하나님이 친히 준비하고 세우신
장소이다. 예루살렘 순례자들은 본 시에서 예루살렘을
다양하게 묘사한다. 우리 하나님의 성, 거룩한 산, 아름다운
곳, 큰 왕의 성, 요새, 만군의 여호와의 성, 주의 전, 주의
인자하심을 경험하는 곳, 주의 이름이 머무는 곳, 주의
찬송이 널리 퍼지는 곳, 하나님의 정의가 충만한 곳.
하나님은 영원히 우리 하나님으로서 우리가 죽을 때까지
인도하시는 목자이시다.

순례자의 세 가지 사명

순례자에게는 세 가지 사명이 있다. '하나님을

찬송하라. 하나님을 경험하라. 그리고 하나님의 성을
전하라.'

평화의 도시 예루살렘의 순례자가 되었다. 다메섹 문을
지나, 비아돌로로사 슬픔의 길로 접어들었다. 예수께서
십자가를 지고 걸어가신 곳마다 예수님의 흔적이 남아 있다.
넘어지신 곳, 예수님의 손자국을 간직한 바위. 사망권세
이기기 위해 죽임 당하신 골고다 정상에 올랐다. 죽음으로
죽음을 이기신 예수님을 묵상해 보았다. 예수님은 왜
예루살렘에서 죽으셨을까? 예루살렘의 4,000년 전으로
돌아가 본다.

아브라함이 이삭을 번제로 바치려 한 모리아 산이
예루살렘이다. 모리아는 '하나님이 스승 되신다'는 뜻이다.
다윗은 여부스 족속으로부터 타작마당을 사서 성전
터로 삼고, 그곳을 시온이라 부른다. 시온은 '하나님께서
주목하신다'는 뜻이다. 솔로몬은 이곳에 여호와를 위한
예배 처소를 짓고 성전이라 불렀다. 여호와께서 지시하신
땅, 여호와께서 주목하신 땅, 여호와께 예배하는 땅이
예루살렘이다. 그러나 지금은 그렇지 않다. 다른 신을
섬긴다. 더 이상 하나님께 예배드리지 않는다.

하나님께서 여전히 예루살렘을 주목하실까? 예루살렘
사람들을 보면 의구심이 든다. 평화의 도성에 정작

평화가 없다. 하나님께서 예루살렘 사람들을 바라보며 기뻐하실까? 감람산에서 제자들이 예수님께 물었던 질문이 생각난다. "주여 이스라엘을 회복하실 때가 이때이오니까?" (눅 21장)

지혜로운 자는
교만하지 아니하며

내 입은 지혜를 말하겠고
내 마음은 명철을 작은 소리로 읊조리리로다

42편부터 고라 자손의 시가 이어진다. 42-43편—낙심하지 말라, 44편—주께 우리의 흥망성쇠가 달려 있다, 45편—우리는 왕의 자손, 46편—하나님은 우리의 피난처, 47편—왕을 찬양하라, 48편—순례자들이 부르는 노래.

49편은 지혜의 시다. 지혜자는 주님의 음성을 잘 듣는 사람이다. 빈부귀천을 막론하고 모두 다 주님의 음성을 들어야 한다. 더불어 지혜자는 들은 말씀을 잘 전달하는 사람이다.

지혜란 무엇인가?

첫째, 우리는 옥토가 되고 싶어 한다. 옥토가 되기
위해서는 마음속 돌과 가시를 잘 골라내어야 한다. 이것이
지혜이다. 둘째, "수금으로 오묘한 말을 풀리로다"(4절)처럼
때때로 해법은 예상치 못한 곳에서 올 수 있다. 어떤
문제가 꼬일 때 예기치 않은 다른 방법을 사용하는 여유
역시 지혜이다. 셋째, 많은 이들이 목적을 이루지 못하면
많이 아파하고 괴로워한다. 그러나 하나님은 우리가
태어난 것만으로도 귀하게 여기신다. '야카르'라는
히브리어는 값을 매기기 비싸다는 뜻이다. 하나님은 우리를
사랑하신다. 예수 그리스도께서 십자가에 못 박혀 돌아가실
만큼 우리를 귀히 여기신다는 것이다. 이것을 깨닫는 것이
지혜이다.

사탄은 우리를 절망에 빠뜨릴 수 있다. 그렇다고 해서
우리의 존재가 평가절하되는 것이 아니다. 고난 가운데
신앙은 순수해지고 존귀함은 더욱 빛난다. 용기를 내자.
아프고 깨어질수록 보석처럼 더욱 빛을 발할 것이다.
지혜롭게 믿음으로 이 세상을 힘 있게 살아내자.

교만 경계하기

12절과 20절은 "사람은 존귀하나 장구하지 못함이여

멸망하는 짐승 같도다", "존귀하나 깨닫지 못하는 사람은 멸망하는 짐승 같도다"라고 반복한다. 하나님에 대한 깨달음이 없다면 결국 멸망하는 짐승과 같다고 강조하는 것이다. 하나님 앞에서 교만하면 안 된다.

15년의 긴 수업을 마치고 히브리대학에서 박사학위를 취득하였다. 그때 난 하나님께 당당히 말씀드렸다. "주님 이제부터 저를 사용하시죠." 평소 침묵하시던 하나님은 이때만큼은 단 1초도 지체하지 않으시고 대답하셨다. "아니, 난 너를 사용할 맘 전혀 없다." 너무나 큰 충격이 몰려왔다. 그 자리에 고꾸라져서 한동안 통곡했다. "주님 죄송합니다. 저는 죄인입니다. 용서하소서." 그 후 하나님께서는 나를 웨일즈 부흥 운동이 일어난 곳으로 인도하셨고, 폴란드, 스페인, 체코, 독일, 호주로 인도하시며 많은 것을 보게 하셨다. 그때 깨달았다. 준비된다는 것은 나의 기준을 따르는 게 아니라는 것을. 하나님이 사용하시는 사람은 누구인가?

은혜 따라 흘러가는
성도의 삶

감사로 제사를 드리는 자가 나를 영화롭게 하나니
그의 행위를 옳게 하는 자에게 내가 하나님의 구원을 보이리라

시편 50편은 아삽의 시이다. 시편은 모세오경을
따라 5권으로 나뉜다. 아삽의 시는 본 시편 50편에 잠깐
나왔다가 시편의 세 번째 묶음인 73편에서 다시 나온다.

아삽은 누구인가?

'아삽'은 히브리어로 '모으다'는 뜻이다. 역대상에
보면 "아삽은 우두머리요 …… 아삽은 제금을 힘있게
치고"(대상 16:5)라는 구절이 나온다. 즉 아삽은 찬양을
주관하는 사람이고, 그의 시가 바로 시편 50편인 것이다.

아삽은 노래하는 자요(대상 15:19), 악기를 연주하는 자요(대상 16:4-5), 여호와의 언약궤 앞에 항상 있는 자이다(대상 16:37). 아삽의 시에서 배울 수 있는 교훈은 무엇인가?

아삽에게 배우는 하나님

아삽은 하나님에 대해 알려준다. 첫째, 전능하신 하나님(אֵל אֱלֹהִים יְהוָה 엘 엘로힘 아도나이)이다. '아도나이'는 시간과 공간을 여시는 분이란 뜻으로 영어로는 'Almighty', 라틴어로는 'Omnipotent'로 번역된다. 하나님은 여호와라는 거룩한 이름으로 세상을 여시는 분이시다. 둘째, 하나님은 심판하시는 분이다. 그분은 잠잠히 계시는 분이 아니다. 이 세상에서 악한 사람들이 영원히 살 것 같아 보이지만 하나님은 그들을 심판하신다. 하나님의 심판은 공의롭다. 하나님은 얼굴을 보지 않으시고, 시시비비를 정확하게 가리신다. 만일 우리가 잘못한다면 우리 역시 하나님께 매를 맞는다. 그분은 우리를 사랑하시기 때문이다. 교만하지 말자. 한 번 매를 드시면 정말 무섭다. 하나님 앞에 공의롭게 살자. 셋째, 하나님은 우리 하나님이시다. 하나님은 말씀하신다. "내 백성아 들을지어다 내가 말하리라 이스라엘아 내가 네게 증언하리라 나는 하나님 곧 네 하나님이니라"(7절).

넷째, 세계를 소유하신 하나님이다(10-12절). 다섯째,
지존하신 하나님이다(14절). 마지막으로, 구원하시는
하나님이다(15, 23절).

성도의 자세

성도의 자세는 어떠해야 하나? 감사할 수 없을 때에도
감사하고, 환난 날에도 하나님을 부르며 지존하신 하나님께
예배로 영광을 돌려야 한다.

> 감사로 하나님께 제사를 드리며 지존하신 이에게 네 서원을
> 갚으며 환난 날에 나를 부르라 내가 너를 건지리니 네가 나를
> 영화롭게 하리로다 (14-15절)

다윗 산성은 아주 조그만 곳이다. 이곳을 시온이라
부르는데, 여기서 나온 단어 '시온주의'는 주로 유대인
선민의식으로 알려졌다. 하지만 언어적으로 보면 시온은
'성적을 매기는 것, 표시하는 것(marking)'을 의미한다.
쉽게 말해 야곱이 요셉에게 채색옷을 입히는 것과 같다.
채색옷은 눈에 잘 띈다. 이것은 관심을 의미한다. 역사에는
가인의 자식들도 있었으나 하나님은 그들에게 채색옷을
입히시지 않았다. 하나님이 주목하시는 땅 시온에서

하나님은 그의 빛을 비추신다. 시온이 '미클랄 요피(온전히
아름다운 장소)'가 된다. 하나님이 계신 모든 곳은 아름답다.
우리 주님이 계시는 곳은 온전히 아름답다. 하나님이
창조하신 것은 아름답다. 주께서 창조하신 천국이, 사람이
아름다운 이유이다. 아름다우신 주님께서 나를 영접하셨다.
우리는 복 받은 사람들이다.

　　성도는 은혜로 사는 사람이다. 성도는 주님의 교훈을
사랑하고 선한 이와 친구하며, 하나님을 두려워하고
묵상하며, 그분 앞에서 삶을 살아야 한다. 히브리어로
무릎을 '비르카임'이라고 부르는데 이 단어와 같은 어근인
'브라카'의 뜻은 축복이다. 엘리야는 주님 앞에 무릎
꿇었다(בְּרְכוֹ בִּרְכָּיו 베라코 비르카브-왕상 18:42). 따라서 나도 주 앞에
무릎을 꿇는다.

> 예수께서 나가사 습관을 따라 감람 산에 가시매 제자들도
> 따라갔더니 그 곳에 이르러 그들에게 이르시되 유혹에
> 빠지지 않게 기도하라 하시고 그들을 떠나 돌 던질 만큼 가서
> 무릎을 꿇고 기도하여 이르시되 아버지여 만일 아버지의
> 뜻이거든 이 잔을 내게서 옮기시옵소서 그러나 내 원대로
> 마시옵고 아버지의 원대로 되기를 원하나이다 하시니 천사가
> 하늘로부터 예수께 나타나 힘을 더하더라 예수께서 힘쓰고

애써 더욱 간절히 기도하시니 땀이 땅에 떨어지는 핏방울 같이

되더라 (눅 22:39~44)

조성욱의 시편 산책

주님 앞에
넘어졌을 때

하나님이여 주의 인자를 따라 내게 은혜를 베푸시며
주의 많은 긍휼을 따라 내 죄악을 지워 주소서

이 시는 다윗이 충신 우리아의 아내 밧세바와 동침한
후에 나단 선지자의 책망을 듣고 지은 참회의 시이다[5].
'다윗'의 히브리어 뜻은 '하나님께 사랑을 받는다'이다. 그런
다윗이 어째서 하나님이 싫어하시는 죄악을 저질렀을지
생각해 볼 필요가 있다.

---

5   다윗은 밧세바와 간음하고 밧세바(בַּת־שֶׁבַע)의 남편 우리아(אוּרִיָּה)를 죽였다.
    언어적으로 보았을 때 다윗은 사랑받는 자, 나단(נָתָן)은 하나님의 선물, 밧세바는
    일곱(완전수)의 딸, 우리아는 하나님의 등불이라는 뜻이다. 전부 아름다운
    이름이나, 하나님에게 사랑받는 자가 하나님의 등불(빛)을 짓밟는다는 의미이다.

언제 넘어질까?

다윗의 범죄 장면을 보면 주목할 만한 성경 기록이
있다. 여호와께서 다윗의 대적을 패하게 하시고 다윗에게
평화를 주신 후, 다윗은 평안히 왕궁을 거닐고 있었다.
그러나 바깥은 아직도 전쟁 중이었다. 다윗 본인의 전쟁은
끝났어도 그의 신하들의 전쟁은 여전히 계속되고 있었다.
다윗은 간과했다. 아직 다윗의 나라가 치러야 할 전쟁은
진행 중이라는 사실을 말이다. 교회의 승리도 마찬가지다.
교회가 승리했다고 해서 끝난 것이 아니다. 주님 오실
때까지 교회와 사탄의 전쟁은 진행형이다. 승리했다고 해서
방심해서는 안 된다. 우리의 자녀들이 여전히 전쟁 중이기
때문이다.

소년 시절 다윗은 하나님의 마음에 들었다. 하나님은
그를 훈련시키신 후 나라를 그에게 주셨다. 히브리어로
'젊은이'는 '실수한다'는 의미를 갖는다. 젊을 때는 실수할
수 있다. 젊을 때 실수하고 시행착오를 겪는 것은 어쩌면
당연한 것이기 때문에 돌부리에 걸려 넘어졌을 때 너무
상처받지 않았으면 한다. 오히려 어릴 때 호되게 당하고
세상이 쉽지 않다는 것을 깨닫는 게 필요할지도 모른다.
그러나 다윗은 반대이다. 그는 초중반까지는 매우 잘했으나,
후반에 가서는 다소 실망스러운 모습을 보여준다. 그는

음란죄와 살인죄를 범하고 은폐한다. 더욱 충격적인 것은
그가 전쟁에서 승리한 후, 모세의 율법에 따라 "그 여자가 그
부정함을 깨끗하게 하였으므로 더불어 동침"(삼하 11:4)한다는
것이다. 즉, 작은 말씀을 지키면서 정작 살인과 간음이라는
큰 말씀을 어겼다는 점이다. 작은 것을 합리화하며
큰 범죄를 저지르는 것, 다윗의 참회록은 우리 자신을
되돌아보게 한다.

오히려 평안할 때 범죄에 빠지기 쉽다. 부와 평안은
잠깐이며 오래가지 못할 수 있음을 알아야 한다. 성경 속
다윗을 조명해 볼 때 "환난 당한 모든 자와 빚진 모든 자와
마음이 원통한 자가 다 그에게로 모였고"(삼상 22:2)라는
말씀이 있다. 주변에 긍정적이고 행복한 사람들이 있을 때
행복할까? 살다보면 외로울 때, 따뜻한 한 마디가 그리워질
때가 있다. 그러나 그런 것이 없을 때가 유익할 때가 많다.
외로움 가운데 하나님을 더 찾기 때문이다. 외로움, 힘듦,
좌절이 좋을 수도 있다. 사람들의 지지와 칭찬 가운데 있다
보면 오히려 실수에 넘어질 수도 있다.

선 줄로 생각한 자는 넘어질까 조심하라 (고전 10:12)

다윗의 참회

'다윗이 밧세바와 동침한 후 선지자 나단이 그에게 왔을 때.' 이것이 이 시의 제목이다. 다윗은 나단의 책망을 듣고 즉시 엎드려 회개한다.

하나님이여 주의 인자를 따라 내게 은혜를 베푸시며 주의 많은 긍휼을 따라 내 죄악을 지워 주소서 (1절)

시편 51편에서 사용하는 히브리어 단어를 살펴보자. 죄악이라는 단어 '페슈아'는 '하나님의 법령을 구체적으로 범해서 하나님께 상처를 드리는 것'을 뜻한다. 다윗은 살인죄와 간음죄를 범하여 밧세바 가정의 축복을 빼앗는 것으로 하나님께 상처를 드렸다. '죄악'과 '죄'는 다르다. 죄를 뜻하는 '하타'라는 단어는 '길을 벗어나다'는 뜻이다. 정리하면 죄는 '길을 벗어나는 것'이고, '죄악'은 하나님의 법을 어겨 하나님께 상처를 드리는 것이다. 그리고 이에 대한 결과는 '아본', 즉 '죄과(죄의 열매)'이다.

죄를 범한 다윗은 세 가지 동사를 사용해서 사죄의 은총을 구한다. '매해(מחה 지우개로 지워주소서)', '키부스(כבסני 세탁해 주소서)', '타호르(תטהרני 제하소서, 정결하게 하소서)'. 이 세 단어를 사용해 하나님께 자신의 흔적을 지워달라고 기도한다. 시편 51편은 참회를 통한 자정 능력을 강조한다.
잘못할 수 있다. 다만 변명하지 말고 참회하라는 것이다.
물론 참회록을 쓴다고 하여 무조건 용서받는 것은 아니다.
잘못에 대한 혹독한 대가를 치른다. 다윗만 해도 그렇다.
자식들은 죽고 왕위에서 쫓겨났다. 솔로몬 또한 말년이
좋지 않았다. 기막힌 죄를 짓고, 그 아들 때 결국 나라가
나뉜다. 뿌리가 치료되지 않을 때, 자정 능력이 없을 때 결국
안타까운 결말을 맞는다. '레바데카 하타아티(לבדך חטאתי
주께만 내가 범죄하였나이다)'. 이것은 그분 앞에서 자신을 돌아보는
것이다. 하나님의 목전 앞에 설 때에만 자정 능력이 있다.
하나님은 중심을 고치신다. 겉만 고친다고 되는 게 아니다.
속을 고쳐야 끝이 난다. 힘들어도 중심을 고쳐가는 과정을
두려워하면 안 된다. 그 힘듦이야말로 우리의 자정 능력을
회복하는 좋은 기회가 될 수 있다.

> 하나님이여 내 속에 정한 마음을 창조하시고 내 안에 정직한
> 영을 새롭게 하소서 (10절)

중심이 진실하다는 것을 '하나님께서 정한 마음을
창조하시는 것'으로 설명한다. 모든 것은 마음의 문제에서
시작한다. 이것은 창조주만 해결할 수 있다. 우리 사회가

점점 자정 능력을 잃어간다. 성경을 통해 자정 능력이 있는지 테스트해보자. 성경을 펼쳤을 때 내가 보인다면 자정 능력이 있는 것이며, 다른 이가 보인다면 자정 능력을 잃은 것이다. 주의 목전에 서서 자신이 보인다면, 또한 스스로가 죄사함 받아야 할 죄인임을 깨닫는다면 자정 능력이 있는 것이다. 다행히 다윗에게는 나단이라는 좋은 후견인이 있었다. 영적 지도자 나단은 다윗이 범죄를 은폐할 때 통렬하게 비판했고, 다윗은 이를 듣고 회개했다.

다윗을 보면서 여러 가지 생각을 하게 된다. 만약 다윗이 젊을 때 실수를 하고 나이 들어서 멋있는 이별의 모습을 보여주었으면 어땠을까? 시편 51편의 내용이 초반에 오고 시편 23편이 나중에 나오면 좋았겠지만, 안타깝게도 다윗은 성군이라고는 하나 인생 후반에 잘못된 모습을 보여준다. 솔로몬에게 왕위를 물려준 것 역시 잘못된 선택이었다. 왜 밧세바의 아들에게 왕위를 물려주었을까? 다윗도, 솔로몬도 마지막 모습이 좋지 않았다. 나이 들어 참회록을 쓰지 않고 아름다운 마무리를 할 수 있기를 기도한다.

사랑받는 자를
도우시는 분

**포악한 자여 네가 어찌하여 악한 계획을 스스로 자랑하는가
하나님의 인자하심은 항상 있도다**

시편 52편은 '다윗의 마스길, 에돔인 도엑이 사울에게
이르러 다윗이 아히멜렉의 집에 왔더라 말하던 때'이다.
시편 51편이 참회록이었다면 52편은 '마스길(משכיל)'을
다룬 시다. '마스길'의 원형은 '쎄켈(שׂכל)'이라는 단어인데
이는 '지혜'를 뜻한다. '마스길'은 'make', 'let'과 같은
사역동사로 '하나님이 지혜를 주시고 지혜를 받은 사람은
그것을 도구로 사용하여 형통하게 되는 것'을 의미한다.
삶에는 늘 어려움이 있다. 경제적 위기, 정신적 위기, 가족
관계의 위기 등 인생의 파도는 언제든지 몰려올 수 있다.

하지만 하나님께서 마스길의 지혜를 주시면 우리는 이 모든 어려움을 이겨내고 오히려 어려운 환난의 파고를 넘나들며 승리할 수 있다.

사울에게 쫓기는 다윗

'에돔'은 지역명으로 '붉다'라는 뜻을 가진 '아돔'에서 나왔고, '도엑'은 '항상 근심하는 자'라는 뜻이다. 배경은 사무엘상 11장이다. 사무엘상은 다윗의 고난을, 사무엘하는 다윗의 고난이 끝나고 그가 왕이 되었을 때를 다룬다. 다윗이 고난당하던 당시의 왕은 사울이었다. 사무엘상에서 사울은 시기심에 불타올라 믿음을 가지고 골리앗과 맞서 싸운 다윗을 죽이려고 했다. 이것은 권력자 사울의 교만이다. 그러나 다행히 사울에게는 요나단이라는 좋은 아들이 있었다. 요나단은 사울과는 달랐다. 그는 하나님의 뜻이 다윗에게 있는 것을 알고는 다윗에게 왕위를 양보한다. 얼마나 아름다운 모습인가? 이러한 마음가짐이 필요하다. 아버지가 특정 권력을 갖고 있다고 해서 꼭 아들이 그것을 물려받아야 한다는 법은 없다. 에서도 이삭의 첫째 아들이었지만 하나님의 뜻은 야곱에게 있었다. 이삭이 첫째 아들 에서를 축복하려 하자 리브가가 개입하여 둘째 아들 야곱이 축복을 받도록 한다. 이러한 리브가의 전통을 요나단이 이어받는다. 반면 사울은 더욱 포악해져만 간다. 사무엘상 20장에서 요나단이 사울에게 '다윗은 사위인데 진짜 그를 죽이려는 것이냐'고 질문하자, 사울은 분노하며 요나단까지 죽이려 한다.

다윗을 도운 아히멜렉

이러한 위기에서 다윗은 제사장의 집으로 도망한다. 당시 제사장은 아히멜렉이었고 그의 집은 놉이라는 곳에 있었다. 갑자기 찾아온 다윗을 보고 아히멜렉이 놀라자, 다윗은 왕께서 비밀스럽게 보낸 것이라고 거짓말을 하고 먹을 것을 요청한다. 그러나 아히멜렉이 가진 것은 하나님께 바칠 진설병 몇 개가 전부이다. 하여 아히멜렉은 다윗에게 혹시 여인을 가까이 했는가 묻는다. 다윗은 대답한다. 광야에서 생존하느라 정신이 없는데 그럴 겨를이 어디 있느냐고 말이다. 죄를 짓는 건 어느 정도 여유가 있기에 가능한 것이다. 생존하는 것에 정신을 다 빼앗기면 다른 짓을 할 겨를이 없다. 그런 의미에서 환난은 어쩌면 좋은 약이 될지도 모른다. 고통의 시간이 인생에서 가장 맑은 시절이 될 수도 있기 때문이다.

또 다윗은 제사장에게 무기가 있느냐고 질문한다. 제사장은 골리앗이 쓰던 칼이 있다고 대답한다. 골리앗과

대결할 때 막대기를 들고 싸웠던 다윗은 이제 큰 칼을
들었다. 칼을 들고 고난에 맞서 싸울 수 있을 만큼 성장한
것이다. 연단의 과정 가운데 하나님께서는 상상조차
하지 못했던 무기를 휘두를 수 있는 힘을 주셨다. 고난을
두려워할 필요가 없다. 연단의 과정이기 때문이다.

골리앗의 칼을 든 다윗은 가드로 도망한다. 여기서
다윗은 일종의 기행을 보이는데 질질 침을 흘리고 성벽에
오줌을 누는 미친 짓을 한다. 골리앗의 칼을 들었으나
어찌된 영문인지 막대기를 들고 있을 때보다 신앙이 더
약해져 있는 것 같다. 어찌된 영문인가? 승리 후 찾아온
명성과 물질이 저주로 바뀐 것이다. 가난할 땐 신앙이
순수하였으나, 부요를 경험한 후로 수많은 유혹이
찾아온다. 결국 다윗은 처절한 패배의식을 갖고 골리앗의
고향 가드에서 훈련의 장소인 아둘람 굴로 돌아간다. 바로
이 굴 안에서 쓴 시가 본 시편 52편이다.

사울의 복수
다윗이 나타났다는 얘기를 전해들은 사울은 베냐민
지파 사람들을 불러 모아 조언을 구한다. 유의해서 볼
점은 열두 지파 중 가장 작은 베냐민 지파 사람들만
사울의 말을 듣고 있다는 점이다. 더 이상 사울은 모든

지파를 다스리는 지도자가 아니다. 사울은 베냐민 지파 사람들에게 '베냐민 지파를 챙기는 것은 자신뿐인데 어째서 이새의 아들 다윗의 행방을 자신에게 고하지 않았느냐'고 책망한다. 그러자 이들 중 하나가 아히멜렉이 다윗을 도왔다고 고발한다. 사울은 아히멜렉을 책망한다. 아히멜렉은 다윗처럼 충실한 부하가 어디 있느냐고 항변한다. 이에 사울은 분노하여 제사장 무리를 죽이라고 명령한다. 사울을 통해 하나님께서 왜 세우셨는지를 잊었을 때 오는 결과를 볼 수 있다. 무엇이든 하나님께서 잠시 빌려주신 것이라는 사실을 잊어서는 안 된다. 이 사실을 깨닫는 동안은 범죄하지 않으나 망각하는 순간 마귀의 도구로 전락할 수 있다. 제사장들을 죽이는 악역은 이방인 도엑이 담당한다. 아히멜렉의 아들 중 하나인 아비아달은 도망쳐서 다윗에게로 가며, 훗날 다윗 왕국의 제사장이 된다. '다윗'은 '사랑받는 자'이고, '아히멜렉'은 '나의 형제는 왕'이다. 하나님께서 사랑하는 자에게 이런 고난을 내리실까?

> 고난 당한 것이 내게 유익이라 이로 말미암아 내가 주의
> 율례들을 배우게 되었나이다 (시 119:71)

주가 없다 말하는
세대 가운데

어리석은 자는 그의 마음에 이르기를 하나님이 없다 하도다
그들은 부패하며 가증한 악을 행함이여 선을 행하는 자가 없도다

이 시는 다윗의 마스길 영장, 마할랏에 맞춘 노래이다.

하나님이 기뻐하시는 자 vs 하나님이 흩으시는 자

우리는 주님 앞에서 어떤 사람인가? '하나님은 없다'고
말하는 무신론자인가, 아니면 하나님을 섬기는 자들인가?
1, 2절을 통해 배운다. 첫째, 하나님을 마음속에 두는
신앙이 중요하다. 하나님을 믿는 것은 우리 안에 치료의
샘이 있다는 것이고, 치료의 샘은 흘러넘쳐 선한 열매를
맺는다. 둘째, 하나님이 찾으시는 사람은 누구인가?

하나님께서는 저가 주시는 지혜를 담고 실천하는 사람을 찾고 계신다. 하나님의 뜻을 구하고, 발견한 말씀대로 사는가? 이러한 사람이 진정 신앙인이고 우리는 그렇게 살아야 한다.

성경은 무신론자를 어리석은 자[6]라고 말한다. 그들은 하나님을 부정하면서 가증하고 부패한 악을 행하기 때문이다. 무신론자들은 무리를 이루며 주의 현존 앞에 서는 것을 두려워한다. 무신론자들은 치료받지 못하고 더러운 자로 남는다. 하나님 나라도 없고 선을 행할 어떤 힘도 없기 때문에 성경은 그들이 무지하다고 말한다. 그들은 하나님께서 친히 돌보시는 백성들을 괴롭힌다. 하나님은 이들에게 엄중한 심판을 내리신다. 하나님은 이들을 대항하시고 흩어버리신다. 하나님이 흩으시면 모을 자가 누가 있을까?

시온의 회복

회복은 시온으로부터 시작된다. 시온을 교회로, 이스라엘을 국가로 본다면 국가의 회복은 교회의 회복으로부터 시작된다고 할 수 있다.

---

6   잠언은 어리석은 자(지혜 없는 자)를 '심장이 없는 사람'으로 표현한다.

하나님이 자기 백성의 포로된 것을 돌이키실 때에 야곱이
즐거워하며 이스라엘이 기뻐하리로다 (6절)

시편 53편은 다윗의 지혜의 시, 형통케 하심을 입은
지혜의 시로 '마할랏'에 맞춘 노래이다. '마할랏'은
'하나님을 바라본다, 찬양한다', '질병 가운데서 하나님께
드리는 노래'라는 의미이다. 하나님은 의인의 세대에
계신다. 의인은 심령이 가난한 자를 의미하며 하나님은
의인의 피난처가 되어주신다. 불신의 세대에 지각을 가지고
하나님을 찾고, 주님께서 기뻐하시는 선을 행하며 기도할
때 치료의 샘은 터질 것이다. 하나님은 그 샘을 터뜨릴
대상을 찾고 계신다. 하나님의 뜻을 구하자. 하나님의
선하신 뜻을. 그때 시온의 회복이, 이스라엘의 회복이,
우리나라와 민족의 회복이 도래할 것이다.

주가
변호하시는 자

하나님이여 주의 이름으로 나를 구원하시고
주의 힘으로 나를 변호하소서

　　하나님이 찾으시는 사람은 하나님께서 주신 지혜를
담을 수 있는 사람, 즉 지각이 있는 사람이다. 이 시는
'하나님이 주시는 지혜를 받아 어려운 세상을 승리하고,
형통케 하여 많은 이들을 주께로 돌아오도록 하라'는
시이다. 시편 54편은 시편 53편의 '마할랏(מחלת)'과
달리 '네기놋(נגינות)'이라는 단어를 사용한다. '네기놋'은
'네기나(악기를 연주하는 것)'의 복수형으로, '다양한 악기를
사용하는 오케스트라'로 번역할 수 있다.

두 종류의 사람

다윗은 광야로 가는 도상에서 십 사람들을 만났다. 십
사람이란 황무지에 있는 사람들을 말한다. 다윗은 사무엘
선지자에게 기름부음을 받고 미래의 왕이 되었지만
하나님께서는 다윗을 광야로 몰아내셨다. 다윗은 가드로
피난을 가야만 했고 아둘람 굴, 십 황무지, 엔게디 광야가
그의 삶의 자리가 되어버렸다. 사울의 아들 요나단은
사위 다윗을 죽이려는 아버지 뜻과 달리, 다윗이야말로
하나님이 세우시는 사람이라는 사실을 받아들여 자기에게
돌아올 왕권을 양보한다. 한 걸음 더 나아가 그는 다윗에게
"두려워하지 말라 내 아버지 사울의 손이 네게 미치지 못할
것이요 너는 이스라엘의 왕이 되고 나는 네 다음이 될 것을
내 아버지 사울도 안다"(삼상 23:17)며 격려를 아끼지 않는다.
이 얼마나 감동적인 양보이며 아름다운 순종의 모습인가?
다윗과 요나단은 십 황무지에서 하나님 앞에 언약을
맺는다(삼상 23:14-18). 이런 아름다운 배경이 시편 54편에
들어 있다.

다른 배경도 있다. 다윗이 숨어 있던 십 황무지의
사람들이 기브아의 사울에게로 가서 다윗의 은신처를
누설한다. 세상에는 두 종류의 사람이 있다. 요나단처럼
자신이 왕이 될 수 있음에도 불구하고 하나님 뜻에 순종하여

왕권을 내려놓는 사람, 다른 하나는 하나님을 두려워하지 않고 세상 권력에 아첨하며 하나님의 종들을 악인의 손에 넘기려는 사람. 이때 사울은 "너희가 나를 긍휼히 여겼으니 여호와에게 복 받기를 원하노라"(삼상 23:21)며 오히려 밀고자들을 축복한다. 사울이 말한다. "그는 심히 지혜롭게 행동한다 하나니 너희는 가서 더 자세히 살펴서 그가 어디에 숨었으며 누가 거기서 그를 보았는지 알아보고 그가 숨어 있는 모든 곳을 정탐하고 실상을 내게 보고하라"(삼상 23:22-23).

지키시는 하나님

사울은 다윗을 죽이려고 작정한다. 그러나 하나님께서 이 모습을 보지 않으셨을까? 하나님은 다윗의 머리털 하나 상하지 않게 하시고 다윗의 손을 들어주신다. 오늘날도 마찬가지다. 하나님께서 지켜주시면 세상의 어떤 풍파도 우리를 침몰시킬 수 없다. 주님께서는 고난당하는 그리스도인들을 사탄으로부터 지켜주신다. 하나님의 말씀으로 큰 위로를 받자. 주님은 말씀하신다.

그러므로 염려하여 이르기를 무엇을 먹을까 무엇을 마실까 무엇을 입을까 하지 말라 이는 다 이방인들이 구하는 것이라

너희 하늘 아버지께서 이 모든 것이 너희에게 있어야 할 줄을

아시느니라 그런즉 너희는 우선 그의 나라와 그의 의를 구하라

그리하면 이 모든 것을 너희에게 더하시리라 (마 6:31-33)

기도가
간구 되어

하나님이여 내 기도에 귀를 기울이시고
내가 간구할 때에 숨지 마소서

히브리어로 '기도'를 '트필라(תְּפִלָּה)'라고 부르는데
이것이 '테히나(תְּחִנָּה)'로 바뀔 때는 '간구'가 된다. 시인은
주님께 간구의 기도를 외면하지 말아달라고 부탁드린다.

괴롬 가운데 드리는 간구

시인은 왜 이런 간구의 기도를 드릴까? 원수의
소리와 악인의 압제 때문이다. 시인을 이렇게 만든 원수는
누구인가? 충격적이게도 그의 원수는 동료이다.

그는 곧 너로다 나의 동료, 나의 친구요 나의 가까운 친우로다
우리가 같이 재미있게 의논하며 무리와 함께 하여 하나님의
집 안에서 다녔도다 …… 그는 손을 들어 자기와 화목한 자를
치고 그의 언약을 배반하였도다 그의 입은 우유 기름보다
미끄러우나 그의 마음은 전쟁이요 그의 말은 기름보다 유하나
실상은 뽑힌 칼이로다 (13-14, 20-21절)

시인을 괴롭히는 사람은 예전엔 친구였으나 현재
원수가 된 자들이다. 시인은 괴로워하며 하나님께 간구한다.

내 마음이 내 속에서 심히 아파하며 사망의 위험이 내게
이르렀도다 두려움과 떨림이 내게 이르고 공포가 나를
덮었도다 (4-5절)

구체적인 간구
이럴 때 어떻게 기도할 수 있을까? 다음의 네 가지
방법을 기억하자.

첫째, 피난처를 찾으라.

만일 내게 비둘기 같이 날개가 있다면 날아가서 편히 쉬리로다

내가 멀리 날아가서 광야에 머무르리로다 (셀라) 내가 나의
피난처로 속히 가서 폭풍과 광풍을 피하리라 하였도다 (6-8절)

둘째, 기도하라.

나는 하나님께 부르짖으리니 여호와께서 나를
구원하시리로다 저녁과 아침과 정오에 내가 근심하여
탄식하리니 여호와께서 내 소리를 들으시리로다 (16-17절)

셋째, 하나님께 맡겨라.

네 짐을 여호와께 맡기라 그가 너를 붙드시고 의인의 요동함을
영원히 허락하지 아니하시리로다 (22절)

넷째, 의지하라.

나를 대적하는 자 많더니 나를 치는 전쟁에서 그가 내
생명을 구원하사 평안하게 하셨도다 …… 나는 주를
의지하리이다 (18, 23절)

환난 날에 하나님을 부르자. 하나님은 부르짖는 자들을

건지실 것이며, 환난을 극복하고 주께 영광을 돌리게 할
것이다. 다니엘은 하루에 세 번씩 하나님께 기도드렸다.
사자 굴에서도 기도는 계속됐다. 주께서 약속하셨다.

수고하고 무거운 짐 진 자들아 내게로 오라 내가 너희를 쉬게
하리라 (마 11:28)

하물며 하나님께서 그 밤낮 부르짖는 택하신 자들의
원한을 풀어 주지 아니하시겠느냐 그들에게 오래
참으시겠느냐 (눅 18:7)

변방에서 부르는 노래

내 원수가 종일 나를 삼키려 하며 나를 교만하게 치는 자들이 많사오니
내가 두려워하는 날에는 내가 주를 의지하리이다

이 시는 다윗의 믹담 시로, '인도자를 따라 요낫 엘렘
르호김에 맞춘 노래, 다윗이 가드에서 블레셋인에게 잡힌
때에'라는 제목을 갖는다. 본 시편 56편부터 시편 60편까지
'믹담 시'가 계속된다.

제목으로 알아보는 시편 56편

'믹담(מכתם)'이란 단어 뜻에 대해선 학자마다 견해가
다르다. 그중 하나만 소개하면 '미'라는 히브리어 전치사에
'케텀'이란 단어가 합쳐진 것으로, '옷에 난 어떤 흠,

우리 삶의 상처 또는 잘못해서 남은 흔적, 발자국들'을
의미한다. 영어로는 'Taint(오점, 오명)'로 '결점을 가진 다윗이
괴로워하며 드리는 기도'라고 해석해 볼 수 있다.

'인도자를 따라 부르는 노래'는 승리, 영원한 승리를
바라는 마음으로 부르는 노래라는 것이다. 다윗은 과거에
실패했던 트라우마를 교훈 삼아, 현재의 고난을 믿음으로
극복하여 영원한 승리가 되길 바라는 마음을 담아 믹담
시를 쓰고 있다.

'요낫 엘렘 르호김(יוֹנַת אֵלֶם רְחֹקִים)'의 '요낫'은
'비둘기'라는 뜻으로 선지자 요나의 '요낫'이며, '엘렘'은
'벙어리'를 뜻한다. 즉 비둘기가 울지 않는다는 것이다.
'르호김'은 '멀리 떨어져 있다'는 뜻이다. 여기서
말하는 비둘기는 광야 주변부에 있는 비둘기를 말한다.
정리해보자면 화려했던 왕궁에서 왕의 사위로 모든 칭찬을
한 몸에 받았던 다윗이, 지금은 광야에 살면서 아무에게도
주목받지 못하며 부르는 노래로 해석할 수 있다.

다윗이 가드에서 블레셋인에게 잡힌 때에(삼상 21:10-15)

골리앗과 싸워 이긴 다윗의 모습을 떠올려 본다.
사무엘상 17장은 다윗이 얼마나 위대한 하나님의
사람인지를 보여준다. 다윗은 엄청난 덩치의 골리앗 앞에

겨우 막대기 하나와 매끄러운 돌 다섯을 가지고 나섰다.
그는 용기와 무용과 구변이 있는 준수한 자로 여호와께서
함께하시던 사람이었다. 이것이 골리앗을 이겼던 다윗의
모습이었다. 그러나 현재 다윗은 사울이 두려워 가드
왕에게로 도망한다. 골리앗은 두려워하지 않았으나 사울을
두려워한다. 사울은 골리앗을 두려워했었다. 도대체 어떻게
된 일일까?

어려웠을 때 우리에겐 신앙이 있었다. 그러나 많은
것을 가진 후 사울을 두려워하는 다윗의 모습처럼 공포에
사로잡힌 채 과하게 삶이 위축된 것은 아닌지 돌아보고
회개해야 한다. 다윗이 두려워 한 대상은 사울만이
아니었다. 자신이 어린 시절 물리쳤던 블레셋의 도시
가드의 왕 아기스를 심히 두려워한 나머지 미친 체하며
수염에 침을 흘린다. 무엇이 다윗을 이토록 처참할 정도로
무너뜨렸을까? 고난 가운데 하나님이 함께하신다는
사실을 잊어버린 다윗. 소망은 어디로부터 올까? 하나님이
말씀하신다.

야곱아 너를 창조하신 여호와께서 지금 말씀하시느니라
이스라엘아 너를 지으신 이가 말씀하시느니라 너는 두려워하지
말라 내가 너를 구속하였고 내가 너를 지명하여 불렀나니

너는 내 것이라 네가 물 가운데로 지날 때에 내가 너와 함께
할 것이라 강을 건널 때에 물이 너를 침몰하지 못할 것이며
네가 불 가운데로 지날 때에 타지도 아니할 것이요 불꽃이
너를 사르지도 못하리니 대저 나는 여호와 네 하나님이요
이스라엘의 거룩한 이요 네 구원자임이라 내가 애굽을 너의
속량물로, 구스와 스바를 너를 대신하여 주었노라 네가 내
눈에 보배롭고 존귀하며 내가 너를 사랑하였은즉 내가 네 대신
사람들을 내어 주며 백성들이 네 생명을 대신하리니 (사 43:1-4)

참 쉽지 않은 세상을 살아가고 있다. 시편의 다윗을
보며 우리 모습을 보길 원한다. 우리를 두렵게 하는
대상은 성령이 없는 인간에 불과하다. 비록 그들은 우리를
대적하고 종일 삼키려 하나 시편의 다윗처럼 주님을
의지하며 주의 성호를 찬양하며 이겨낼 수 있다. 두려움이
몰려올 때 두려운 상황을 바라보지 말고 하나님께서 우리와
함께 계심을 믿으며 이 고난을 이겨나가자.

하나님이 우리에게 주신 것은 두려워하는 마음이 아니요 오직
능력과 사랑과 절제하는 마음이니 (딤후 1:7)

기도 가운데 넓어지는 지경

내가 지존하신 하나님께 부르짖음이여 곧 나를 위하여
모든 것을 이루시는 하나님께로다

시편 57편은 '다윗의 믹담 시, 영장으로 알다스헷[7]에
맞춘 노래, 다윗이 사울을 피하여 굴에 있던 때에[8]'라는
제목을 갖는다.

---

7   히브리어로 '멸하지 마소서'라는 뜻이다.

8   "그러므로 다윗이 그 곳을 떠나 아둘람 굴로 도망하매 그의 형제와 아버지의 온
    집이 듣고 그리로 내려가서 그에게 이르렀고 환난 당한 모든 자와 빚진 모든 자와
    마음이 원통한 자가 다 그에게로 모였고 그는 그들의 우두머리가 되었는데 그와
    함께 한 자가 사백명 가량이었더라"(삼상 22:1-2; 참고. 삼상 22장)

한넨니 한넨니

시편 57편에는 '한넨니(יָנֵּנִי 은혜를 베풀어 주소서)'라는 말이
두 번 반복된다. 반복은 강조를 위함이다. 특별히 어려운 이
시대에 하나님의 은혜가 우리 민족에게 있도록 기도해야
한다. 두 번째 '나콘 리비(לִבִּי נָכוֹן 나의 맘이 확정되었다)'라는 말이
반복된다. 내가 노래하고 찬송하는 이유는 비록 어렵고
환난을 당하지만 마음을 확정했기 때문이라는 점을
강조한다. 환난은 하나님께 나의 마음을 보여드릴 수 있는
좋은 기회이다. 시인은 마음을 확정하여 비파와 수금을
깨우겠다고 결심한다(8절). 비파, 수금, 찬양하는 입술, 마음,
영광으로 오케스트라처럼 하나님 아버지를 이른 새벽부터
찬양하겠다는 시인의 결심이 돋보인다. 한 걸음 더 나아간
시인은 인생의 목표가 하나님을 높여드리는 것에 있음을
5절과 11절에서 강조한다.

> 하나님이여 주는 하늘 위에 높이 들리시며 주의 영광이 온
> 세계 위에 높아지기를 원하나이다 (5절)

시인이 고백하는 하나님

시인이 고백하는 하나님은 어떤 분이신가?

첫째, 피난처이다.

주의 날개 그늘 아래에서 이 재앙들이 지나가기까지
피하리이다 (1절)

둘째, 지존하신 하나님이다(2절). 시인은 가장 존귀하고
높으신 하나님께 기도하고 있다. 셋째, 나를 위해 모든
것을 이루시는 하나님이다(2절). 히브리어 '고메르(גמר)'는
'마감한다, 마무리 짓는다'는 의미를 가진다. 내가
누구이기에 하나님께서는 나를 위한 일을 마무리까지
지어 주신단 말인가? 넷째, 하늘 위에 높이 들리신
분이다(5절). 유대인들이 쓰는 모자 '키파'[9]의 뜻은 '나는
주님의 말씀을 지킵니다, 내 머리 위에 더 높은 분이 계신
것을 인정합니다'이다. 다섯째, 인자와 진리를 보내시는
성실하고 자비로우신 분이다(3절). 시인을 괴롭히는 대적
사울이 사자 같고, 불사르는 자들이며, 사람의 아들들이며,
그들의 이가 창과 화살이며 혀가 날카로운 칼이어도(4절)
다윗은 여전히 하나님을 신뢰하고 있다. 사무엘상에서
다윗은 골리앗 앞에서 선언한다. "너는 칼과 창과 단창으로

---

9   베드로의 아람어 이름은 '게바(키파)'로 반석이라는 뜻이다.

내게 나아오거니와 나는 만군의 여호와의 이름 곧 네가
모욕하는 이스라엘 군대의 하나님의 이름으로 네게
나아가노라"(삼상 17:45).

　　이사야 2장에서도 동일한 말씀을 찾아볼 수 있다. "그가
열방 사이에 판단하시며 많은 백성을 판결하시리니 무리가
그들의 칼을 쳐서 보습을 만들고 그들의 창을 쳐서 낫을
만들 것이며 이 나라와 저 나라가 다시는 칼을 들고 서로
치지 아니하며 다시는 전쟁을 연습하지 아니하리라"(4절).

　　칼을 쳐서 보습을 만들고 창을 쳐서 낫을 만드는 분이
하나님이시기에 많은 어려움 가운데 하나님 앞에 기도하면
주께서 들으시고 승리를 주신다.

　　　무릇 주의 인자는 커서 하늘에 미치고 주의 진리는 궁창에
　　　이르나이다 (10절)

　　시인은 하나님의 인자하심의 크기를 말한다. 하늘만큼
크다. 주의 진리는 궁창에 이를 정도로 높다. 크고 넓은
하나님의 인자를 찬양하고 있는 것이다. 시인은 고난 중에
오히려 그의 지경이 넓어지는 것을 바라본다. 아둘람 굴은
영원히 머무는 장소가 아니라, 훈련하는 장소에 불과하다.
고난 가운데 처하더라도 주님께 기도를 드리자. 지경이

넓어지는 것을 경험할 것이다. 주께서 말씀하셨다.

온유한 자는 복이 있나니 땅을 기업으로 받을 것이요 (마 5:5)

해방촌, 단칸방에서 15년을 산 어린 시절 경험이 있다. 수도도, 화장실도 없는 곳이었다. 그러나 하나님은 나의 지경을 넓혀 주셨다. 코로나 바이러스가 창궐하여 우리의 지경을 좁혀놓았다. 그러나 크신 하나님을 바라보며 주님의 나라와 의를 구하는 삶을 살다보면 우리의 지경이 넓어지는 놀라운 경험을 하게 될 것이다. 아둘람 굴의 다윗이 예루살렘 성의 주인으로 바뀐 것처럼.

의인의 손을
들어주시는 분

그 때에 사람의 말이 진실로 의인에게 갚음이 있고
진실로 땅에서 심판하시는 하나님이 계시다 하리로다

시편 58편은 다윗의 믹담 시로 '알다스헷(אל-תשחת)'에
맞춘 노래, 다윗이 사울을 피하여 굴에 있던 때에'라는
제목을 갖는다. '알'은 부정사, '다스헷'은 '멸하소서'라는
뜻으로, '알다스헷'은 '멸하지 마소서'라는 호소라고 할
수 있다. 본 시편은 통치자들의 책무[10]에 대한 경고를 담고
있다. 지도자들에 대한 책망의 시라고도 이해할 수 있다.

---

10 "그러나 너희는 랍비라 칭함을 받지 말라 너희 선생은 하나요 너희는 다
    형제니라 ······ 또한 지도자라 칭함을 받지 말라 너희의 지도자는 한 분이시니
    곧 그리스도시니라"(마 23:10,12; 참고. 마 23장)

지도자의 책임

통치자들아 너희가 정의를 말해야 하거늘 어찌 잠잠하느냐 (1절)

지도자에게는 다음의 책임이 있다[11]. 공의를 말해야 한다. 공의는 히브리어로 '쩨덱(צֶדֶק)'이다. 이는 사람들 사이의 공의로움이 아닌 '하나님 앞에서의 공의로움'을 의미한다. 사람들은 하나님 앞에 의로워야 하고 지도자들은 공의를 세워야 한다. 성경은 이것이 보좌의 기초라고 말한다. 정직한 판단을 해야 한다. 히브리어 '메이샤림(מֵישָׁרִים)'이라는 단어는 사회정의(Social justice)를 뜻한다. 바르게, 곧게 만든다는 것이다. 자기 앞에 준엄한 심판이 다가오는 것을 모른 채 계속 독을 내뿜는 지도자가 있는 사회는 결국 멸망하게 된다. 하지만 이들은 경고에 귀 기울이지 않는다(2절). 따라서 하나님은 악인들의 입에서 이를 뽑아버리시고 독이 나오는 근원을 없애신다고 말씀한다. 악인들의 삶은 겨누는 화살처럼 꺾이게 되고 급히 흐르는 물처럼 곧 사라져 버리게 될 것이다.

---

11   "그가 왕 위에 오르거든 이 율법서의 등사본을 레위 사람 제사장 앞에서 책에 기록하여 평생에 자기 옆에 두고 읽어 그의 하나님 여호와 경외하기를 배우며 이 율법의 모든 말과 이 규례를 지켜 행할 것이라"(신 17:18-19; 참고. 신 17:14-20)

의인은 악인의 보복 당함을 보고 기뻐함이여 그의 발을 악인의
피에 씻으리로다 (10절)

의인의 하나님

그 때에 사람의 말이 진실로 의인에게 갚음이 있고 진실로
땅에서 심판하시는 하나님이 계시다 하리로다 (11절)

시인은 의인의 송사를 들어주시고, 땅에서 판단하시는
하나님이 계시다는 사실을 강조한다. 하나님은 이 땅에서
일어나는 일들에 대해 결코 무관심한 분이 아니시다.
하나님은 악인을 심판하시고 의인의 손을 들어주신다.
계속해서 강조하지만 시편 58편은 지도자의 책무에 대한
경고, 악한 지도자들에 대한 하나님의 심판, 의인의 손을
들어주시는 하나님에 대해 말하고 있다. 지도자의 책무는
공의를 말하는 것이다. 지도자들이 공의롭지 못하면
하나님의 심판을 직면하게 될 것이다. 땅 위의 심판자인
하나님은 의인의 손을 들어주실 것이다.

외국에서 긴 유학생활을 마치고 귀국했을 때 이런
기도를 드렸다. '하나님, 저를 딱 한 번 써보시고 마음에
들지 않으시면 폐기하셔도 좋습니다.' 하나님이 주신

마지막 기회, 여전히 두렵고 떨릴 뿐이다. 그렇기에 엎드려 간구한다. '무익한 종을 지도자로 세우셨으니 하나님이 맡기신 사명을 성실하고 충성스럽게 잘 감당하게 하소서.' 지도자의 자리에 있으며 느끼는 것은 지도자가 되는 오랜 훈련의 시간보다 지도자로 있는 짧은 기간을 지켜내기가 더 어렵다는 것이다. 하여 이 찬양을 마음에 품으며 매일의 사역에 임한다.

신자 되기 원합니다
사랑하기 원합니다
거룩하기 원합니다
예수 닮기 원합니다
진심으로 진심으로 (새찬송가 463장)

하나님 한 분만을
찬양할 때에

나의 힘이시여 내가 주께 찬송하오리니 하나님은 나의 요새이시며
나를 긍휼히 여기시는 하나님이심이니이다

시편 59편은 다윗의 믹담 시로 '영장시, 알다스헷에
맞춘 노래, 사울이 사람을 보내어 다윗을 죽이려고 그 집을
지킨 때에'라는 제목을 갖는다. 히브리어 원문 그대로 번역
하면 '인도자를 따라 영장에 맞춘, 영원한 승리를 위하여,
나를 멸하지 마소서, 다윗에게 속한 믹담 시'가 정확하다고
할 수 있다. 다윗의 상황이라면 어떻게 해야 할까?

하나님을 부르라

다윗은 하나님을 '나의 하나님(אֱלֹהַי, 엘로하이)'이라

부른다. 평소 하나님과의 관계가 굉장히 중요하다.

하나님은 나의 하나님이시다. 예배를 드리고 사랑을 드리는 관계, 어려울수록 하나님을 불러야 한다.

> 나의 하나님이여 나의 원수에게서 나를 건지시고 일어나
> 치려는 자에게서 나를 높이 드소서 악을 행하는 자에게서 나를
> 건지시고 피 흘리기를 즐기는 자에게서 나를 구원하소서 (1–2절)

시인은 '멸하지 마소서'라 간구한다. '나의 하나님이여, 나에게 원수가 있나이다. 하나님은 나를 치려고 일어나는 자로부터 나를 높이 드시는 분, 적들이 올라올 수 없는 가장 높은 곳 나를 숨겨주신다'고 고백하고 있다.

> 주님은 만군의 하나님 여호와, 이스라엘의 하나님이시오니
> 일어나 모든 나라들을 벌하소서 악을 행하는 모든 자들에게
> 은혜를 베풀지 마소서 (셀라) (5절)

시인은 만군의 여호와를 부른다. 주님은 시간과 공간을 여시는 분이고, 모든 천지 만물을 동원하실 수 있는 분이 만군의 여호와란 뜻이다. 우리는 이러한 고백을 드릴 수 있을까? 주님은 시간과 공간을 여실 뿐 아니라 창조하신

모든 자원을 동원하실 수 있는 하나님이시다.

> 하나님은 나의 요새이시니 그의 힘으로 말미암아 내가 주를
> 바라리이다 (9절)

또 요새이신 하나님을 부른다. 원문으로는 '하나님은 나의 요새, 그의 힘을 향하여 주님이 떠나시지 않도록 주님과 깊은 교제를 하겠습니다'라는 뜻이다. 하나님은 이런 사람들을 붙들고 도와주신다. 그의 인자하심으로 앞을 향하여 고난을 뚫고 나아갈 수 있게 하신다.

다윗을 통해 나를 불쌍히 여기시는 하나님을 배운다. 사탄은 기도하는 사람들을 이길 수 없다. 우리는 하나님을 신뢰한다. 하나님은 나의 하나님이시다. 하나님은 시간과 공간을 여는 분이시다. 하나님은 창조의 모든 자원을 동원하실 수 있다. 하나님만 바라볼 때 하나님은 힘이 되어 주신다. 하나님만을 찬양할 때 하나님은 우리를 불쌍히 여기시고 우리의 산성이 되어 주신다. 피난처 되시고 힘이 되시는 여호와를 찬양하자. 반석이요 요새가 되어 주시는 하나님께서 불쌍히 여겨주실 것이다. 사울은 다윗을 죽이려 했으나 다윗은 사울의 손에 넘어가지 않았다. 오히려

사울이 블레셋에게 죽임을 당했고, 다윗은 모든 환난을
극복한 후 이스라엘의 왕이 되었다. 믹담 시를 통해 큰
위로를 받자.

나의 힘이시여 내가 주께 찬송하오리니 하나님은 나의
요새이시며 나를 긍휼히 여기시는 하나님이심이니이다 (17절)

사랑과 은혜가 풍성하신 하나님,
하나님이 나의 하나님이심을 고백합니다.
시간과 공간을 여시는 아버지 하나님,
피난처, 요새, 힘이 되어주신,
나를 불쌍히 여기시는 하나님을 찬양합니다.
악인의 세력들을 하나님의 손에 맡깁니다.
하나님께서 심판하실 줄 믿습니다.
하나님을 노래하게 하옵소서.
이 환난이 지날 때까지 주 날개 그늘 아래 품어주소서.
존귀하신 예수님의 이름으로 기도드립니다. 아멘.

삶이라는 전쟁에
주어지는 승리[12]

하나님이여 주께서 우리를 버려 흩으셨고 분노하셨사오나
지금은 우리를 회복시키소서

시편 60편은 '인도자를 따라 수산에듯(שׁוּשַׁן עֵדוּת)에 맞춘
노래'로 불린다. '수산'은 '백합화'를 의미한다. '에듯'은
'증거'이다. 그리스도인들은 증인 공동체로서 하나님께서
행하신 구원의 행동을 친히 목도하고 증언하는 자들이다.
신약 초대교회 공동체는 '마르투리아(μαρτυρία)', 즉 증언(순교)
공동체로 주 예수 그리스도를 주로 고백함에 따르는
박해를 감내하는 공동체였다. 구약의 공동체 '에다(עֵדָה)'는

---

12 "다윗이 어디를 가든지 여호와께서 이기게 하시니라"(삼하 8:6,14)

하나님께서 이스라엘 민족을 사랑하셔서 구원하신 것을
친히 목도한 이들의 공동체였다. 즉 본 시는 백합화를 든
증거의 무리들이 모여 부르는 노래인 것이다.

시편 60편의 하나님

본문에서 하나님의 네 가지 모습을 정리할 수 있다.
첫째는 심판하시는 하나님, 둘째는 회복시키시는 하나님,
셋째는 사랑하는 자를 구원하시는 하나님, 넷째는
하나님을 의지하는 자에게 승리를 주시고 동행하여 주시는
하나님이시다.

이스라엘 백성들이 언제나 승리만 한 것은 아니다.
본문 1절은 '하나님께서 우리를 버리시어 흩으셨다'고
기록한다. 2절은 "주께서 땅을 진동시키사 갈라지게
하셨사오니 그 틈을 기우소서 땅이 흔들림이니이다"라고
말씀한다. 하나님은 지진을 일으키실 수 있고 반대로 그
틈을 기워 회복시킬 수도 있는 분이시다. 하나님은 3절처럼
비틀거리게 하는 포도주를 마시게 하기도 하시며, 4절처럼
주를 경외하는 자에게 깃발을 주시고 진리를 위하여 달게
하시는 분이기도 하시다. 무엇이 되었든 하나님을 경외하는
것은 하나님 말씀에 순종하고 하나님을 두려워하는
것이다. 주께서 우리 갈 길을 인도하신다는 것을 신뢰하고

그분의 뒤를 따라가는 것이다. 주님은 그런 자들에게
승리의 깃발을 주신다. 하나님은 그러한 자기 자녀들을
구원하신다.

주께서 사랑하시는 자를 건지시기 위하여 주의 오른손으로
구원하시고 응답하소서 (5절)

하나님이 그의 거룩하심으로 말씀하시되 내가 뛰놀리라 내가
세겜을 나누며 숙곳 골짜기를 측량[13]하리라 (6절)

하나님이 주시는 승리

우리의 삶은 전쟁 그 자체이다. 우리는 주 예수
그리스도를 믿는 믿음으로 이 전쟁에서 반드시 승리해야
한다. 다윗은 소년 때 승리를 거두었다. 엘라 골짜기에서의
전투를 기억한다. 다윗의 승리의 비결은 하나님에 대한
신뢰에서 나왔다. 적장 골리앗은 칼과 창과 단창으로
무장하고 자기 힘을 의지하고 나왔으나 다윗은 하나님을
의지했다. 그러나 다윗은 패배자처럼 보이기도 했다.

13　벨사살 왕이 예루살렘 하나님의 성소에서 탈취한 그릇에 먹고 마시며 우상을
　　찬양할 때 손가락들은 벽에 "왕을 저울에 달아 보니(측량) 부족함이 보였다"고
　　기록했다(단 5:25-28).

사울이 다윗을 죽이려 하자 도망가는 신세가 되었고, 적장 골리앗의 고향까지 가서 수치를 당했다. 아둘람 굴의 마음이 상한 자, 빚진 자와 함께 고난을 당하며 아내를 빼앗기는 등 환난에 환난을 이어 당하기도 했다. 그러나 하나님께서 다윗을 건지셨고, 다윗은 훗날 가는 곳마다 승리하는 사람이 되었다.

사무엘하 8장을 보면 블레셋, 모압, 소바, 아람, 에돔 등 다윗이 승리한 나라들이 나온다. 각 나라들을 간단히 살펴보자.

블레셋

연합 국가. 이스라엘보다 무기가 정교한 나라로 쉽지 않은 상대였다. 다윗을 핍박하던 사울 왕은 블레셋 사람들에 의해 죽임을 당했다. 그러나 다윗은 블레셋을 평정한다.

모압

모압은 이스라엘에 선을 베풀지 않았다. 상황에 따라 친구가 되기도 하지만 적이 될 수도 있다.

소바

롭의 아들 소바 왕 하닷에셀이 자신의 권세를
회복하려고 갈 때 다윗이 이를 쳤다고 되어 있다. 갈릴리
북쪽 소바 왕을 보면 하닷에셀인데 '하닷'은 바알 신,
'에셀'은 도움을 뜻한다. 다윗은 바알이 돕는다는 하닷
에셀과 싸워서 이긴다. 바알이 우리를 돕는 것이 아니다.
물질주의와 싸워서 이겨야 한다.

아람

다메섹 아람 사람들이 소바왕 하닷에셀을 도우러
온다. 그러나 다윗이 아람 사람 이만 이천을 죽이고 아람
사람들은 다윗의 종이 되어 조공을 바치게 되었다. 어디를
가든지 하나님께서 승리를 주셨다는 것이다. 적들이 동맹을
맺더라도 이기게 하시는 이는 하나님이시다.

에돔

다윗이 에돔 사람 일만 팔천을 치고 돌아온다. 다윗이
어디를 가든지 여호와께서 이기게 하셨다.

사무엘하 8장에서 두 번 반복되는 말씀이 있다.
사무엘하 8장 6절과 14절은 "다윗이 어디를 가든지

여호와께서 이기게 하시니라"라고 반복한다. 마스길 시에서 배웠듯 형통케 하시는 하나님이 계시고, 믹담 시처럼 하나님은 승리를 주시는 분이시다. 오늘날도 마찬가지다. 하나님을 믿는 사람들은 코로나도, 경제 위기도, 신앙적 도전도 이기게 될 것이다. 하나님께서 우리를 지키고 보호하실 것이기 때문이다. 다윗이 어디에 있든지 승리하게 해주신 것처럼 우리를 지키고 보호하실 주님을 찬양하자. 승리를 주시는 하나님께 영광과 찬양을 돌리는 삶이 되길 축복한다. 고난을 주시는 하나님의 뜻 안에서 교훈을 얻고 믿음으로 어려움을 극복할 수 있는 승리자가 되며, 승리한 후에는 하나님 나라를 위해 크게 일하는 자들이 되기를 소망한다.

다윗은 승리로 얻은 금은보화를 하나님께 드렸다. 하나님은 전리품으로 희희낙락하라고 승리를 주신 게 아니다. 오히려 다윗은 온 이스라엘에 공의를 행하였다. 그리스도인들이 어디를 가든지 승리하고, 지도자들이 공의를 행할 수 있기를 주의 이름으로 축복한다.

예루살렘 히브리대학 성경학과에서 학생으로 14년을 공부했다. 공부를 시작할 때 히브리어를 전혀 알지 못했다. 5년간 강의를 온전히 알아듣지 못했고, 학부과목, 석사과목, 박사과목 등 모든 과정이 어려운 험산준령을 넘는 것만 같았다. 이외에도 개인적인 많은 시련이 있었다. 그러나 실력도, 능력도, 미래도 없었던 나를 그곳에서 건지신 하나님, 도망치듯 나오지 않고 승리로 나오게 하신 하나님. 모든 시간이 주님의 은혜였다. 하나님께 영광을 올려드린다.

예부터 도움 되시고 내 소망되신 주
이 세상 풍파 중에도 늘 보호하시리
주 앞에 천년만년이 한날과 같으니
이 세상 모든 일들이 다 잠시뿐이라 (새찬송가 71장)

주의 장막을
사모하며

내가 영원히 주의 장막에 머물며 내가 주의 날개로
피하리이다

왕이 되면 문제가 다 해결될까? 왕이 된 이후에도
다윗은 하나님을 찾고 있다.

왕의 기도

하나님이여 나의 부르짖음을 들으시며 내 기도에
유의하소서 (1절)

다윗은 왕이 된 이후에도 기도하고 있다. 왕은 세상

권세를 다 가진 사람처럼 보이지만 땅 밑까지 내려갈 정도의 어려움에 직면하기도 한다. 그럴 때일수록 하나님 앞에 기도해야 한다. 그러면 하나님은 높은 바위로 인도하신다. 문제가 아무리 어려워도 하나님은 해결책을 가지고 계신다. 원수들을 피하는 견고한 망대이신 하나님께서 지켜주시는데 누가 왕을 건드릴 수 있을까?

왕의 거주지는 일반적으로 왕궁이지만 주님의 장막을 더 사랑해야 한다. 지도자일수록 주님의 장막에 거할 줄 알아야 한다. 주의 날개 밑에 피하는 것이다. 경호원이 아니라 주님의 날개가 왕을 보호하는 것이다. 주의 장막에 거하는 것을 좋아해야 한다. 왕은 자신의 명예보다 하나님의 성호를 더 경외해야 한다. 왕은 주의 이름을 경외하는 자이다. 왕은 통치하는 나라를 기업으로 얻으나 이를 허락하시는 분은 하나님이시다.

주께서 나의 서원을 들으시고 주의 이름을 경외하는 자가 얻을 기업을 내게 주셨나이다 (5절)

왕을 보호하시는 하나님

왕위를 언제까지 보존할 수 있을까? 진정한 왕이신 하나님 곁에 영원히 거하는 것이야말로 축복이다.

하나님께서는 인자와 진리로 왕과 함께하신다. 왕도
어려움을 겪을 수 있다. 이럴 때 진정한 왕이신 하나님께
부르짖으면 하나님은 높은 바위로 그를 인도하시며 그보다
강한 원수를 피할 수 있는 견고한 망대가 되어주신다. 왕의
거주지는 왕궁이 아니라 주님의 장막이며 주님은 그의
날개 밑에 그를 보호하신다. 구원을 경험한 왕은 자신의
명예보다 하나님의 영광을 더 소중히 하겠노라고 서원하며
주님을 송축한다. 그런 왕에게 하나님은 기업(יְרֻשָּׁה 예루샤)을
장구하게 하시고 하나님 곁에 거주하게 하시며 인자와
진리를 예비하시어 보호하신다.[14]

사랑과 은혜가 풍성하신 아버지,
다윗 왕은 자신이 처한 상황과 상관없이 여전히 하나님을
찬양하며 경배했습니다.
아둘람 굴, 예루살렘 궁전에 있을 때, 궁전보다 여호와의
장막을 더 사랑하며 하나님의 날개 아래 피난처를 삼고
하나님께 서원하며 기도했습니다.

---

14 "왕이신 나의 하나님이여 내가 주를 높이고 영원히 주의 이름을 송축하리이다
    내가 날마다 주를 송축하며 영원히 주의 이름을 송축하리이다"(시 145:1-2)
    다윗은 왕위에 오른 후에도 승리를 맛볼 때에나 고난 가운데 있을 때에나 언제나
    하나님을 높여 드렸다(참고. 시 145).

자신의 명예보다 하나님의 영광을 더 소중히 여겼습니다.
하나님은 이런 다윗을 사랑하셔서 인자와 진리로 예비하시고
보호하시고 왕의 날을 장구케 하셨습니다.
비옵는 것은 저희들도 여호와의 날개 아래 머물게 하시고
주님의 성전에 나와 기도하게 하시며
환난 날에 주님을 부르게 하시고
또 서원의 기도를 드리고 그 서원을 갚을 수 있도록 복을
내리시옵소서.
환난이 지날 때까지 우리와 함께 하시는 예수님의 이름으로
기도합니다.
아멘.[15]

---

15 "그러나 너희는 택하신 족속이요 왕 같은 제사장들이요 거룩한 나라요 그의
소유가 된 백성이니 이는 너희를 어두운 데서 불러내어 그의 기이한 빛에
들어가게 하신 이의 아름다운 덕을 선포하게 하려 하심이라 너희가 전에는 백성이
아니더니 이제는 하나님의 백성이요 전에는 긍휼을 얻지 못하였더니 이제는
긍휼을 얻은 자니라"(벧전 2:9-10)

허무한 생 가운데 잠잠히

**오직 그만이 나의 반석이시요 나의 구원이시요
나의 요새이시니 내가 흔들리지 아니하리로다**

시편 62편은 '다윗의 시, 인도자를 따라 여두둔의 법칙에 따라 부르는 노래'이다. '여두둔(ידותון)'은 '사랑의 법칙'으로 해석할 수 있다. 이 시는 어두운 시대이지만 그럼에도 불구하고 주님을 변함없이 사랑하며 주님의 구원을 바라보는 다윗의 신앙을 잘 보여준다.

인생은 무익하다

인간이란 무엇인가?

높은 자리에서 떨어뜨리기만 꾀하고 거짓을 즐겨 하니
입으로는 축복이요 속으로는 저주로다 (셀라) (4절)

인간은 서로 죽이려고 한다. 넘어지는 담, 흔들리는
울타리와 같다.

사람은 입김이며 인생도 속임수이니 저울에 달면 그들은
입김보다 가벼우리로다 (9절)

부자나 가난한 자나 모두 죽으면 흙으로 돌아간다.
하나님의 저울에 달아 보면 입김보다 가벼운 것이 인생이다.

포악을 의지하지 말며 탈취한 것으로 허망하여지지 말며
재물이 늘어도 거기에 마음을 두지 말지어다 (10절)

하나님은 폭력을 사용해 재물을 얻는 사람들을
싫어하신다. 재물은 온유함으로 얻고, 불쌍한 사람을
도와줌으로써 주께로부터 받는 선물이어야 한다.

잠잠히 하나님을 바라라
구원은 하나님에게서 나온다. 홍해 바다 앞에서도

잠잠히 여호와를 바라보라고 말씀하신다. 하나님께서는
환난을 당한 성도들을 건져주신다. 성도들은 하나님 안에서
쉼을 발견한 후 비로소 숨을 쉬기 시작한다. 하나님은
반석이시다. 환난 가운데 하나님이 반석이시기에 두려워할
필요가 없다. 하나님은 성도들의 요새요 피난처이시다.
하나님은 소망이시다. 소망은 히브리어로 직선을 긋는
것이다. 하나님께 선을 잇대어 놓는 것, 그것이 소망이다.
이런 사람들은 믿음이 있기에 결코 요동하지 않는다.

하나님이 해법이다. 수시로 주님께 의지하고 기도하자.
마음 안의 모든 것을 말씀드리자. 사랑을 고백하자.
하나님을 사랑하는 자들은 하나님의 사랑을 힘입는다고
성경은 말씀한다. 하나님은 모든 것을 합력하여 선을
이루시는 좋으신 분이다. 인자하심은 하나님의 성품이다.
하나님은 전심을 다해 주님을 바라보는 사람들을 찾으시며
인자를 베푸신다.

어두운 시대 가운데 주님의 구원을 바라본 성경 속 인물들
에녹은 불의가 판치는 시대에 하나님과 동행함으로
주님을 기쁘시게 해드렸다.

에녹이 하나님과 동행하더니 하나님이 그를 데려가시므로

세상에 있지 아니하였더라 (창 5:24)

노아는 하나님께서 땅의 사람들을 내려다보며
한탄하실 때에 하나님 앞에 올바르게 서 있었다. 구원의
방주를 짓는 복뿐 아니라 무지개 언약의 복을 받았다.

노아는 의인이요 당대에 완전한 자라 그는 하나님과
동행하였으며 (창 6:9)

아브라함은 본토 친척 아비집을 떠나라는 명령에
순종함으로 믿음의 조상으로 축복의 통로가 되었다.

내가 너로 큰 민족을 이루고 네게 복을 주어 네 이름을
창대하게 하리니 너는 복이 될지라 너를 축복하는 자에게는
내가 복을 내리고 너를 저주하는 자에게는 내가 저주하리니
땅의 모든 족속이 너로 말미암아 복을 얻을 것이라 (창 12:2-3)

요셉은 억울하게 이집트로 팔려간 상황에서 하나님의
약속을 굳게 믿었다. 마침내 큰 승리를 얻은 용서의 사람이
되었다.

간수장은 그의 손에 맡긴 것을 무엇이든지 살펴보지
아니하였으니 이는 여호와께서 요셉과 함께 하심이라
여호와께서 그를 범사에 형통하게 하셨더라 (창 39:23)

사무엘은 여호와의 말씀이 희귀하여 이상(계시)이 흔히
보이지 않던 때에 나라의 기강을 올곧은 신앙으로 바로
세웠다.

아이 사무엘이 점점 자라매 여호와와 사람들에게 은총을 더욱
받더라 (삼상 2:26)

파수꾼이 새벽을 기다리고 바라듯
나의 영혼 주님만 간절하게 바라네
이스라엘 백성아 주를 바라보아라
변함없는 주님만 믿고 기다릴지라 (새찬송가 363장)

사랑과 은혜가 풍성하신 아버지,
성경 말씀을 주셔서 감사합니다.
말씀 속에서 하나님을 만나게 해주셔서 감사합니다.
우리의 앉고 일어섬을 아시는 주님 앞에 모든 것을 시시로
토로하겠습니다.

우리의 산성이요 반석이신 주님을 신뢰하며 부르짖겠습니다.

주여, 이 재앙이 지나가기까지 주님의 날개 그늘 아래 머물게
하소서.

사랑합니다. 예수님의 이름으로 기도합니다. 아멘.

광야에서 부르는
노래

하나님이여 주는 나의 하나님이시라 내가 간절히 주를 찾되
물이 없어 마르고 황폐한 땅에서 내 영혼이 주를 갈망하며
내 육체가 주를 앙모하나이다

　

시편 63편은 '다윗의 시, 유다 광야에 있을 때에'라는
제목의 시이다. 다윗은 아둘람 굴, 엔게디 황무지를 보낸
경험이 있다.

광야, 저주인가 축복인가?

이스라엘은 산지, 평지, 평야 지역으로 이루어져
있다. 이스라엘의 산간 지역으로는 헤브론, 베들레헴,
예루살렘, 베델, 세겜 등이 있다. 산간 지역보다 낮은
평지는 '쉐펠라'라고 하는데 아둘람 굴은 쉐펠라 지역으로

블레셋의 접경 지대에 있다. 평야 지역도 있는데 블레셋,
유대, 샤론, 갈멜 평야가 여기에 해당한다. 유대 광야는
특별히 산지 지역에서도 요르단 강 계곡 지역에 깊이 자리
잡고 있다. 유대 광야는 협곡 가운데 있어 물도 없고 성전도
없고 환난의 바람만 부는 곳이다. 히브리어로 광야는
'미드바르(מִדְבָּר)'이며 이를 '메다베르(מְדַבֵּר)'라고 바꿔 부르면
'말씀한다'는 뜻이 된다. 즉 광야가 말씀한다는 것이다. 유대
광야에 있는 다윗에게 광야는 무엇을 말하는가? 광야는
'저주'라는 뜻이 있다. '데베르(דֶּבֶר)'라고 하면 '역병'이다. 이
단어 속에는 '축복'이라는 단어도 있다. 다윗에게 광야는
축복인가 저주인가?

간절히 주님을 부르며

다윗은 하나님을 찾고 있다. '주'라고 번역된 것은
2인칭 '너'를 높여 부른 것이다. 고난 가운데서 제일
먼저 생각해야 할 것은 주님과 나와의 관계를 돌아보는
것이다. 주님은 우리에게 어떤 분인가? 어려울 때일수록
그분께 신앙고백을 하자. "주는 그리스도시요 살아계신
하나님의 아들"(마 16:16)이라는 베드로의 고백이 우리의
고백이어야 한다. 유대 광야에서 다윗은 하나님과 친밀한
관계를 먼저 선언한다. 역병 가운데 있으나 주님께서는

나의 하나님이시다. 다윗은 주님을 간절히 찾는다. 재앙이
우리 주변에서 넘실거릴 때 하나님을 간절히 찾아야
한다. 간절히 찾는다는 표현 '샤하르(שָׁחַר)'는 '아침, 새벽을
깨우는 사람의 기도'를 의미한다. 유대 광야에 있었던
쿰란 사람들은 동트기 전, 해 뜨는 방향을 향하여 하나님을
찬양했다. 하나님 앞에 자신의 소원을 아뢰고 예배 때마다
세 번씩 목욕을 하고 손을 씻고 하나님을 송축하면서
하루를 시작했다. 간절히 새벽을 깨운다는 뜻이다. 어려울
때 새벽을 깨워 하나님 앞에 부르짖자.

내 영혼이 주를 갈망하며

고라 자손의 시를 다시 읽어보자. 사슴이 물을 향해
갈급함과 같이 하나님을 찾고 있다(1절). 주님은 목마른
자들에게 와서 마시라고 초청하셨다. 광야에서 목말라
지쳐 쓰러질 때 예수님의 음성을 다시 들어보자. 누구든지
목마른 자는 와서 마시라. 광야는 마르고 황폐한 땅인데
이런 곳에 생수의 강이 흘러넘치려면 생명의 주님께
부르짖어야 한다. 흥미로운 것은 1절에서 육체와 영혼이
대구가 되어 있다는 점이다. '네페쉬(נֶפֶשׁ)'는 '영혼',
'바싸르(בָּשָׂר)'는 '육체'를 뜻하는 말로, 하나님의 성령을 받지
못한 이들을 육체라고 번역한다. 유대 광야에 있을 때의

해법은 성령충만을 갈구하는 것이다. 이사야 61장을 보면
예수님이 자라나신 나사렛에 와서 읽으신 말씀이 있다.

주 여호와의 영이 내게 내리셨으니 이는 여호와께서 내게
기름을 부으사 가난한 자에게 아름다운 소식을 전하게 하려
하심이라 나를 보내사 마음이 상한 자를 고치며 포로된 자에게
자유를, 갇힌 자에게 놓임을 선포하며 여호와의 은혜의 해와
우리 하나님의 보복의 날을 선포하며 모든 슬픈 자를 위로하되
무릇 시온에서 슬퍼하는 자에게 화관을 주어 그 재를 대신하며
기쁨의 기름으로 그 슬픔을 대신하며 찬송의 옷으로 그 근심을
대신하시고 그들이 의의 나무 곧 여호와께서 심으신 그 영광을
나타낼 자라 일컬음을 받게 하려 하심이라 (사 61:1-3)

예수님께로 나아가라. 주님께 부르짖으라. 주님과 나
사이의 관계를 생각하며 주는 나의 하나님이심을 고백하자.
영혼의 전 존재에 성령 하나님의 임재를 구하자.

수고하고 무거운 짐 진 자들아 다 내게로 오라 내가 너희를
쉬게 하리라 (마 11:28)

오오 갈보리

주 예수 나를 위하여

십자가에 못 박히신 보배로운 나의 주

그 사랑에 감격하여

이 몸 주께 드립니다 (새찬송가 148장)

영원한 승리를
위하여

그러나 하나님이 그들을 쏘시리니
그들이 갑자기 화살에 상하리로다

라메나쩨아흐(לַמְנַצֵּחַ)

승리를 뜻하는 히브리어 단어 중 '네짜흐'가 있다.
시인은 승리의 뜻을 가진 히브리어 단어를 현재분사
'메나쩨아흐'로 사용해서 그 승리가 현재 진행 중이며
이것은 영원한 승리 '라메나쩨아흐'가 될 것임을 믿음으로
바라보며 노래한다. 사도 바울은 고백했다.

항상 우리를 그리스도 안에서 이기게 하시고 우리로 말미암아
각처에서 그리스도를 아는 냄새를 나타내시는 하나님께

감사하노라 (고후 2:14)

사망권세를 이기신 주님께서는 일곱 초대교회
성도들에게 이기는 자에게 임하는 복을 말씀하셨다.

이기는 그에게는 내가 하나님의 낙원에 있는 생명나무의
열매를 주어 먹게 하리라 (계 2:7)

이기는 자와 끝까지 내 일을 지키는 그에게 만국을 다스리는
권세를 주리니 (계 2:26)

인도자이신 승리자 예수 그리스도를 따라가면 우리도
승리의 노래를 부르게 된다는 믿음의 고백이 본 시편이다.
내용을 살펴보자.

악을 꾀하는 자들의 음모

1절을 히브리어로 번역하면 다음과 같다.

שְׁמַע־אֱלֹהִים קוֹלִי בְשִׂיחִי

쉐마 엘로힘, 콜리, 베씨히

(들으소서 하나님, 내 소리를, 내가 읊조리는.)

시인은 왜 근심하는가? 시인은 두려운 대적을
언급한다. 대적의 모습을 살펴보자. 그들은 악(מְרֵעִים 메레임)을
꾀하는 자들의 음모(סוֹד 쏘드)를 꾸미고 악(אָוֶן 아벤)을 행하는
자들의 소동(릭샤)을 벌인다(2절). 칼같이 자기 혀를 연마하고
화살같이 독한 말로 겨누며(3절), 숨은 곳에서 온전한 자를
쏘고, 또 갑자기 쏘면서도 두려워하지 않는다(4절). 또 악한
목적으로 서로 격려하며 남몰래 올무 놓기를 함께 의논하고,
'누가 우리를 보리요'라 말하며(5절), 죄악을 꾸미며 묘책을
찾았다고 말하는 자들이다(6절). 그렇다면 과연 이들에게
고난받는 자들은 누구인가?

첫째, 온전한 자(תָּם 탐)이다.

우스 땅에 욥이라 불리는 사람이 있었는데 그 사람은 온전하고
정직하여 하나님을 경외하며 악에서 떠난 자더라 (욥 1:1)

둘째, 의인(צַדִּיק 짜딕)이다.

이것이 노아의 족보니라 노아는 의인이요 당대에 완전한 자라
그는 하나님과 동행하였으며 (창 6:9)

셋째, 마음이 정직한 자(יִשְׁרֵי־לֵב 이슈레이 렙)이다.

> 여호와께서 사무엘에게 이르시되 그의 용모와 키를 보지
> 말라 내가 이미 그를 버렸노라 내가 보는 것은 사람과 같지
> 아니하니 사람은 외모를 보거니와 나 여호와는 중심을
> 보느니라 하시더라 (삼상 16:7)

악을 이기시는 하나님
악인의 결론은 무엇일까?

> 하나님이 그들을 쏘시리니 그들이 갑자기 화살에
> 상하리로다 이러므로 그들이 엎드러지리니 그들의 혀가
> 그들을 해함이라 (7–8절)

사람들의 반응은 어떠한가?

> 모든 사람이 두려워하여 하나님의 일을 선포하며 그의
> 행하심을 깊이 생각하리로다 (9절)

의인의 반응은 어떠한가?

의인은 여호와로 말미암아 즐거워하며 그에게 피하리니

마음이 정직한 자는 다 자랑하리로다 (10절)

시편 구조 중 두드러진 것은 의인과 악인을 구분한다는 점이다. 시편이 말하는 복 있는 사람은 여호와의 율법을 즐거워하며 그 율법을 주야로 묵상하는 자이다. 이들은 시냇가에 심긴 나무처럼 시절을 좇아 열매를 맺으며 그 잎사귀가 마르지 않는 자와 같다. 반면 악인은 오만하며 그들의 삶은 마치 바람에 부는 겨와 같이 날아가 버릴 것이라고 말한다. 신앙은 선택을 요구한다. 주님의 말씀 안에 오롯이 서 있겠는가? 아니면 악인의 회중 속에서 머물며 그들의 꾀를 따를 것인가?

흘러넘치는
주님의 은혜

초장은 양 떼로 옷 입었고 골짜기는 곡식으로 덮였으매
그들이 다 즐거이 외치고 또 노래하나이다

주님의 은택이 내리는 삶

이스라엘에는 평야만 있는 것이 아니라 광야도 있다.
농사 지을 땅만 있으면 얼마나 좋을까? 광야와 계곡, 산간
지역, 돌이 많은 평지도 있다. 성경은 이러한 땅을 가나안
땅이라고 부른다. 이 땅이 필요로 하는 것은 주의 은택이다.
그러나 하나님께서 은택을 내리시지 않을 때도 있는데
그 이유는 무엇일까? 3절이 그 대답을 준다. 죄악이 나를
이겼기 때문이다. 성경대로 살지 않고 마음대로 살기
때문에 하나님께서 복을 거두신 것이다. 따라서 주의

은택으로 한 해를 관 씌우기를 원한다면 죄악을 이겨야
한다. 나를 감추고(hidden), 겸손하며(humble), 거룩한(holy) 삶을
살며 하늘 아버지의 선하신 뜻을 구할 때 하나님은 이 땅을
하나님의 은택으로 흘러넘치게 하실 것이다.

주의 은택이 넘치려면 어떻게 해야 하나?

주의 은택으로 한 해를 관 씌우시니 (11절)

은택이란 무엇인가? 히브리어에 '좋다'를 의미하는
'톱'이라는 단어가 있다. 이 '톱'의 여성형 '토바'를
'은택'으로 번역한다. 한 마디로 좋다는 것이다. 주의
은택으로 관 씌운 한 해는 얼마나 소중한가? 어떻게 하면
주의 은택이 흘러넘치도록 할 수 있을까?

첫째, 서원하라(1절).

לְךָ דֻמִיָּה תְהִלָּה
레카 두미야 테힐라

(주님께 침묵, 차렷 - 찬송전야)

לְךָ יְשֻׁלַּם־נֶדֶר

레카 예슐람 네데르

(주님께 드린 서원이 갚아질 것입니다.)

둘째, 죄악을 이겨라(3절).

דִּבְרֵי עֲוֹנֹת גָּבְרוּ מֶנִּי

디브레이 아보놋 가브루 메니

(범죄했던 모든 것들이 나를 넘어설 때, 넘치도록 죄를 범한 모든 일들이)

셋째, 주의 뜰에 머물라.

주께서 택하시고 가까이 오게 하사 주의 뜰에 살게 하신
사람은 복이 있나이다 우리가 주의 집 곧 주의 성전의
아름다움으로 만족하리이다(4절)

주께서 내리시는 복

그러면 하나님께서는 어떤 복을 내리실까? 그 복을
알아보자.

첫째, 응답하신다.

우리 구원의 하나님이시여(אֱלֹהֵי יִשְׁעֵנוּ 엘로헤이 이슈에누) 땅의
모든 끝과 먼 바다에 있는 자가 의지할 주께서(מִבְטָח 미브타호—
안전, 피난처, 보험) 의를 따라 엄위하신 일(נוֹרָאוֹת בְּצֶדֶק 노라옷
베쩨덱—기묘, 모사)로 우리에게 응답하시리이다 (5절)

둘째, 살아 계심을 보이신다.

주는 주의 힘으로(בכחו 베코호) 산을 세우시며 권능으로(בִּגְבוּרָה
비그부라) 띠를 띠시며 바다의 설렘과 물결의 흔들림과 만민의
소요까지 진정하시나이다(מַשְׁבִּיחַ 마슈비아호—섭리하신다) (6–7절)

셋째, 주의 징조가 나타난다.

땅 끝에 사는 자가 주의 징조를 두려워하나이다 주께서
아침 되는 것과 저녁 되는 것을 즐거워하게 하시며 땅을
돌보사 물을 대어 심히 윤택하게 하시며 하나님의 강에 물이
가득하게 하시고 이같이 땅을 예비하신 후에 그들에게 곡식을
주시나이다 주께서 밭고랑에 물을 넉넉히 대사 그 이랑을
평평하게 하시며 또 단비로 부드럽게 하시고 그 싹에 복을
주시나이다 주의 은택으로 한 해를 관 씌우시니 주의 길에는
기름 방울이 떨어지며 들의 초장에도 떨어지니 작은 산들이

기쁨으로 띠를 띠었나이다 초장은 양 떼로 옷 입었고 골짜기는 곡식으로 덮였으매 (8–13절)

(אוֹתֹתִיךְ 오톳 ─ 하나님의 징조, 무지개 언약, 안식일, 할례, 예수 그리스도)

(עִטַּרְתָּ שְׁנַת טוֹבָתֶךָ 이타르타 슈낫 토바테카 ─ 주님의 선하신 것들로 한 해를 왕관 씌우신다)

넷째, 즐거이 노래한다.

그들이 다 즐거이 외치고 또 노래하나이다 (13절)

다섯째, 주의 성전의 아름다움으로 만족한다.

נִשְׂבְּעָה בְּטוּב בֵּיתֶךָ קְדֹשׁ הֵיכָלֶךָ

니쓰베아 베툽 베이테카 케도쉬 헤이칼레카

(주님의 집, 주님의 거룩한 궁전에 있는 좋은 것으로 우리는 배부를 것이다. 신하이기에, 자녀이기에)(4절)

　　어린 시절 교회에서의 삶은 말 그대로 꿈터였다. 꿈을 꿀 수 없었던 주변 환경에서 교회는 꿈꾸는 법을 가르쳐 주었다. 교회는 꿈꾸는 사람이 얼마나 되는가에 따라 그 크기가 결정된다. 꿈꾸는 사람은 죄악에 물들 여력이 없다.

이 땅에 주의 은총이 강물처럼 흘러넘치도록 하나님께
엎드려 예배하고 하나님의 영광을 위한 서원기도를 드리자.
영광의 그날의 도래를 앙망하며!

찬송의
자세

온 땅이여 하나님께 즐거운 소리를 낼지어다
그의 이름의 영광을 찬양하고 영화롭게 찬송할지어다

신앙인의 고백

본 시편은 올바르게 찬양하는 모습을 다양하게
설명한다.

즐거운 소리로(הָרִיעוּ 하리우)

영화롭게(כָבוֹד 카보드)

경배하고(יִשְׁתַּחֲווּ 이슈타하부)

노래하라(זַמְּרוּ 자므루)

송축하라(בָּרְכוּ 바르쿠)

높이(רוֹמֵם 로맘)

온 땅이여 하나님께 즐거운 소리를 낼지어다 (1절)

그의 이름의 영광을 찬양하고 영화롭게 찬송할지어다 (2절)

온 땅이 주께 경배하고 주를 노래하며 주의 이름을
노래하리이다 할지어다 (셀라) (4절)

만민들아 우리 하나님을 송축하며 그의 찬양 소리를 들리게
할지어다 (8절)

나의 혀로 높이 찬송하였도다 (17절)

기도자의 모습도 다양하게 묘사한다.

부르짖으라(קָרָאתִי 카라티)
아뢰라(אָמְרוּ 이므루)
내 기도 소리(קוֹל תְּפִלָּתִי 콜 트필라티)
그의 찬송 소리(קוֹל תְּהִלָּתוֹ 콜 테힐라토)
내 입이 말한 것(דִבֶּר־פִּי 디배르 피)

나의 서원(נִדְרָי 내다라이)

내가 나의 입으로 그에게 부르짖으며 (17절)

하나님이 실로 들으셨음이여 내 기도 소리에 귀를

기울이셨도다 (19절)

이는 내 입술이 낸 것이요 내 환난 때에 내 입이 말한

것이니이다 (14절)

신앙인이 갖춰야 할 태도도 다양하게 묘사한다.

경외하라(מַה-נּוֹרָא 마노라)

가서 보라(לְכוּ וּרְאוּ 레쿠 레우)

주를 기뻐하라(נִשְׂמְחָה-בּוֹ 니쓰메하보)

교만하지 말라(אַל-יָרִימוּ 알야리무)

드려라(אֲשַׁלֵּם 아샬렘—지불하리라, אַעֲלֶה 아알레—올려드리리라,

אֶעֱשֶׂה 에에쎄—행하리라)

선포하라(אֲסַפְּרָה 아싸프라—내가 자세히 설명하리라)

주의 일이 어찌 그리 엄위하신지요 주의 큰 권능으로 말미암아

주의 원수가 주께 복종할 것이며 (3절)

와서 하나님께서 행하신 것을 보라 사람의 아들들에게
행하심이 엄위하시도다 (5절)

하나님이 바다를 변하여 육지가 되게 하셨으므로 무리가
걸어서 강을 건너고 우리가 거기서 주로 말미암아
기뻐하였도다 (6절)

그의 능력으로 영원히 다스리시며 그의 눈으로 나라들을
살피시나니 거역하는 자들은 교만하지 말지어다 (셀라) (7절)

내가 번제물을 가지고 주의 집에 들어가서 나의 서원을 주께
갚으리니 (13절)

내가 숫양의 향기와 함께 살진 것으로 주께 번제를 드리며
수소와 염소를 드리리이다 (셀라) (15절)

하나님을 두려워하는 너희들아 다 와서 들으라 하나님이 나의
영혼을 위하여 행하신 일을 내가 선포하리로다 (16절)

하나님이 하시는 일

살리심(חיים 하임—생명)

연단하심(בְּחַנְתָּנוּ 배한타—테스트하신다, צְרַפְתָּנוּ 쩨라프타—불순물을
제거하신다)

끌어내심(תוֹצִיאֵנוּ 토찌에니)

그는 우리 영혼을 살려 두시고 우리의 실족함을 허락하지
아니하시는 주시로다 (9절)

하나님이여 주께서 우리를 시험하시되 우리를 단련하시기를
은을 단련함 같이 하셨으며 우리를 끌어 그물에 걸리게 하시며
어려운 짐을 우리 허리에 매어 두셨으며 사람들이 우리 머리를
타고 가게 하셨나이다 (10-12절)

우리가 불과 물을 통과하였더니 주께서 우리를 끌어내사
풍부한 곳에 들이셨나이다 (12절 하반절)

결론

내가 나의 마음에 죄악을 품었더라면 주께서 듣지
아니하시리라 (18절)

하나님을 찬송하리로다 그가 내 기도를 물리치지 아니하시고

그의 인자하심을 내게서 거두지도 아니하셨도다 (20절)

    죄악을 이겨야 한다. 죄악이 나를 이기도록 해서는
안 된다. 하나님의 택하심에 대한 감격이 있어야 한다.
주를 가까이 오게 하사 주의 뜰에 사는 이는 복이 있다.
하나님은 장수, 물질뿐 아니라 모든 것을 주신다. 주님의
풍요를 맛보고 살라는 말씀이다. 때론 넘어질 수도 있다.
그러나 넘어져도 실족하지 않을 수 있는 이유는 무엇인가?
주님께서 성도들의 실족을 허락하지 않으시기 때문이다.
주님은 성도들의 영혼과 육체를 보호하신다.

    그는 우리 영혼을 살려 두시고 우리의 실족함을 허락하지
    아니하시는 주시로다 (9절)

    주님의 시험은 유혹이 아니고 테스트이다. 쓸 만한
인물마다 담금질 과정을 거친다. 그런 의미에서 환난은
저주가 아니고 축복이다. 고난 가운데 있어도 결국 풍부한
곳으로 인도하실 것이다. 의인들은 환난을 밟고 이겨낸다.
어려움은 단련의 과정일 뿐이다. 고난 가운데 하나님께
드릴 수 있는 가장 좋은 번제를 드리자. 서원하자. 주께서
쓰시는 정금이 되기 위하여.

주의 얼굴빛을
비추소서

하나님이 우리에게 복을 주시리니
땅의 모든 끝이 하나님을 경외하리로다

이 시는 '시, 곧 인도자를 따라 현악에 맞춘 노래'이다.
사랑하는 주님의 말씀을 읽을 때, 감정이 북받쳐 눈물이 날
때가 있다. 본문의 시인이 그렇다. 히브리어로 '라메나쩨-
아흐'까지 해야 하는데 '라메나쩨흐'까지만 표기가 되어
있다. 시인은 지금 눈물이 흐르며 목이 메었기 때문이다.
시인은 승리를 갈망하는 매우 어려운 상황에 처해 있다.
어려움은 어떻게 타개해야 할까? 어려움을 가지고 하나님
앞에 기도할 때 우리는 생각하게 된다. '왜 내게 이런
어려움이 있는가? 어떻게 극복해야 하는가? 주님은 무엇을

원하시는가?' 이렇게 기도하다 보면 우리 역시 시인처럼
말문이 막히고 숨이 턱턱 막히면서 울어버리게 될지도
모른다.

빈기놋(בִּנְגִינֹת)

'네기나'는 악기를 의미한다. '레나겐'이라 말하면
연주한다는 뜻이 된다. 모든 악기를 동원해서 정제된
언어(미즈모르)와 시(쉬르)로 노래하는 것이 본 시편의
제목이다. 하나님은 기도하는 자에게 은혜를 베푸신다.

엘로힘 예한넨누(אֱלֹהִים יְחָנֵּנוּ)

시인은 '한나, 한넨니, 한누'와 같은 단어를 사용해
하나님을 부르고 있다. 한나의 기도가 떠오른다. 하나님
앞에 원통함을 토로하는 한나의 기도가 본문의 기도다.
아들을 갖고자 하는 간절한 소원으로 기도한 한나를 떠올려
본다. '하나님, 한나처럼 부르짖습니다. 나에게 아들을
주시옵소서.' 이는 시간과 공간을 여시는 하나님, 세계를
회복시키실 수도, 망하게 하실 수도 있는 하나님 앞에
'예한넨누(우리를 불쌍히 여겨달라)' 간청하는 것이다.

예바르케이누(יְבָרְכֵנוּ)

예바르케이누(יְבָרְכֵנוּ, 우리에게 복을 내려 주시옵소서). 시인은 이 표현을 세 번씩 반복하며 하나님께 복을 구한다. "기도에 응답해 주시고, 축복해 주소서." 하나님께서 우리나라, 교회, 가정에 복 주시기를 기도한다.

야에르 파나브 이타누(יָאֵר פָּנָיו אִתָּנוּ)

'주님의 얼굴빛을 비추사 우리와 함께해 주세요'라는 뜻이다.

여호와는 네게 복을 주시고 너를 지키시기를 원하며 여호와는 그의 얼굴을 네게 비추사 은혜 베푸시기를 원하며 여호와는 그 얼굴을 네게로 향하여 드사 평강 주시기를 원하노라 할지니라 하라 그들은 이같이 내 이름으로 이스라엘 자손에게 내 이름으로 축복할지니 내가 그들에게 복을 주리라 (민 6:24-27)

모든 민족들이 주를 찬송하게 하소서

주의 도를 땅 위에, 구원을 모든 나라에 알리소서 (2절)

주는 민족들을 공평히 심판하시며 땅 위의 나라들을 다스리실

것임이니이다 (4절)

하나님의 심판을 받은 후 모든 민족들이 주님을
인정한다는 뜻이다. 찬양은 다양한 뜻을 가진다. 감사,
주님을 위해 일하는 것, 주님을 인정하는 것. 하나님의
심판을 받고 나서야 어리석은 자들은 하나님의 존재를
인정할 것이다. 독일에서 자유주의 신학이 일어났고 그
결과는 히틀러였다. 세속주의 물결 가운데 우리가 하나님의
말씀을 버리면 이상한 운동들이 일어나기 마련이다.
공산주의도 그중 하나다. 오늘날 교회는 정치화되어 있고,
세속화되어 있다. 교회가 정치화되고 세속화되면 하나님은
교회를 심판하실 것이다. 항상 세속화를 경계해야 한다.

민족과 모든 민족, 땅의 히브리어 표현들이 다양하다.
땅은 '아레츠(אֶרֶץ)', '고임(גוֹיִם)'은 하나님의 약속 안에
들어오지 않은 백성, '암밈(עַמִּים)'이란 단어는 4번 나오는데,
백성들을 뜻한다. '레움밈(לְאֻמִּים)'은 유엔과 같은 단체를
의미한다. 시인은 이러한 다양한 단어들을 총동원해서
결국 그들도 주님을 인정하게 되며 주님의 심판을 받게 될
것임을 밝히고 있다. 공평은 '미쇼르(מִישׁוֹר)'이다. 하나님은
고임, 레움밈 등 다양한 지구촌 사람들에게 자신의

공정함을 보여주신다. 그것이 십자가이다. 십자가는 아들을 죽인 사건이다. 하나님은 자신의 아들을 희생시키셨다.

기도 그 이전과 그 이후

> 여호와의 손이 짧아 구원하지 못하심도 아니요 귀가 둔하여
> 듣지 못하심도 아니라 오직 너희 죄악이 너희와 너희 하나님
> 사이를 갈라 놓았고 너희 죄가 그의 얼굴을 가리어서
> 너희에게서 듣지 않으시게 함이니라 (사 59:1-2)

마음에 죄악을 품으면 주께서 듣지 아니하신다. 이사야 59장에 나오는 말이다. 하나님께서 아무 이유 없이 듣지 않으시는 게 아니라, 하나님과 내 사이 죄악이 있을 때 듣지 않으신다. 나라가 매우 어려운 상황이다. 우리의 행위가 가증하고 부패한 이유는 우리에게 하나님을 두려워하는 마음이 없기 때문이다. 하나님께서 계시지 않는 것인가? 아니면 숨어 계시는 것인가?

> 땅이 그의 소산을 내어 주었으니 하나님 곧 우리 하나님이
> 우리에게 복을 주시리로다 (6절)

하나님께 돌아가면 하나님은 우리에게 복을 내리신다.
하나님이 복을 내리셔야만 한다.

여호와께서 너를 위하여 하늘의 아름다운 보고를 여시사 네
땅에 때를 따라 비를 내리시고 네 손으로 하는 모든 일에 복을
주시리니 네가 많은 민족에게 꾸어줄지라도 너는 꾸지 아니할
것이요 여호와께서 너를 머리가 되고 꼬리가 되지 않게 하시며
위에만 있고 아래에 있지 않게 하시리니 오직 너는 내가 오늘
네게 명령하는 네 하나님 여호와의 명령을 듣고 지켜 행하며
내가 오늘 너희에게 명령하는 그 말씀을 떠나 좌로나 우로나
치우치지 아니하고 다른 신을 따라 섬기지 아니하면 이와
같으리라 (신 28:12-14)

기뻐 뛰며
노래할 수 있는 이유

의인은 기뻐하여 하나님 앞에서 뛰놀며 기뻐하고
즐거워할지어다

시편은 신앙인의 고백이다. 광야에서, 성전에서, 죄를
지었을 때 등 다양한 상황에서 말씀과 하나님이라는 두
개의 축을 가지고 신앙인의 삶에 대해 이야기를 한다. 그 중
시편 68편은 하나님에게 집중한다. 주인공은 인간이 아닌
하나님이시다. 예전에 이사야에 기록된 하나님에 대한 여러
표현들을 연구한 적이 있다.

이스라엘의 거룩하신 분(1:4), 주님이신 만군의
여호와(1:24), 이스라엘의 전능자(1:24), 주님(3:18), 왕이신
만군의 여호와(6:5), 주님 여호와(7:7), 용사이신 하나님(10:21),

나의 구원의 하나님(12:2), 여호와 이스라엘의 하나님(17:6),
그를 만드신 분(17:7), 만군의 여호와 이스라엘의
하나님(21:10), 주 만군의 여호와(22:5), 당신은 여호와
나의 하나님(25:1), 우리의 하나님(25:9), 여호와 우리의
하나님(26:13), 우리를 소유하신 분(26:13), 만군의 여호와(28:5),
그의 하나님(28:26), 야곱의 거룩하신 분(29:23), 이스라엘의
하나님(29:23), 주님 이스라엘의 거룩하신 여호와(30:15),
여호와의 이름(30:27), 너희들의 하나님(35:4), 갚아주시는
하나님(35:4), 다시 오실 하나님(35:4), 영원하신 하나님(40:28),
온 땅을 창조하신 하나님(40:28), 함께 하시는 하나님(41:10),
나는 너의 하나님이라(41:10), 너를 강하게 하셨다(41:10), 너를
도우셨다(41:10), 너를 붙드셨다(41:10), 너의 구속자(41:14),
야곱의 왕(41:21).

이렇게 많은 표현을 통해 이사야는 하나님에 대해
다양하게, 무게감 있게 다룬다. 시편도 하나님에 대해
다양하게, 무게감 있게 다루고 있다.

보이지 않는 하나님을 찬양하라

하나님은 숨어 계시며 보이지 않는 하나님이시지만
신앙인들은 이를 두려워할 필요가 전혀 없다. 신앙인은
보이지 않으나 여전히 계시는 하나님 앞에서 바르게

살며, 그분을 경외하며 성호를 찬양한다. 애굽에서
430년 동안 노예살이를 하다 출애굽한 이스라엘 사람들
중 불평불만했던 사람들은 모두 광야에서 죽었지만
여호수아와 갈렙은 하나님을 신뢰하여 살아남았듯이, 힘들
때일수록 하나님을 찬양하자. 시편 기자는 노래한다.

하늘을 타고 광야에 행하시던 이를 위하여 대로를
수축하라 (4절)

신앙인들은 예수님 다시 오시는 길을 수축하는
사람들이다. 하나님께서 주의 백성들을 광야로 인도하시는
까닭은 함께 가시겠다는 뜻이다.

하나님이여 주의 백성 앞에서 앞서 나가사 광야에서
행진하셨을 때에 (셀라) (7절)

저 시내 산도 하나님 곧 이스라엘의 하나님 앞에서
진동하였나이다 (8절)

하나님은 앞서 가시는 하나님이시다. 하나님이
앞에 가신다. 하나님이 이끌고 가신다. 광야에 있더라도

하나님께서 함께 계심을 믿고 주님 앞에서 뛰어놀자.
68편에는 거룩한 처소, 성소라는 말이 많이 나온다. 성소는
시내 산 성소이며 하나님 앞에서 진동하는 산이다. 머무는
곳을 하나님의 거하시는 처소로 만들면 하나님의 복이
임한다.

> 하나님의 병거는 천천이요 만만이라 주께서 그 중에 계심이
> 시내 산 성소에 계심 같도다 (17절)

예수님께서는 십자가를 지시기 직전 높은 산으로
가셔서 제자들의 신앙을 확인하셨다. "너희는 나를
누구라 하느냐"(마 16:15). 높은 산은 하나님만이 가지신다.
높은 산, 좋은 권력, 많은 물질을 가진 자들은 하나님의
성소에 그것을 내어 드려야 한다. 높은 산일수록 주께서
좌정하시도록 주님의 성소로 높은 산을 내어 놓아야 한다.
시편 131편에서 보듯이 높은 자리에 올라가려 애쓰는 대신
교만하지 않으며 여호와를 바라보아야 한다.

> 그의 거룩한 처소에 계신 하나님은 고아의 아버지시며 과부의
> 재판장이시라 하나님이 고독한 자들은 가족과 함께 살게
> 하시며 갇힌 자들은 이끌어 내사 형통하게 하시느니라 오직

거역하는 자들의 거처는 메마른 땅이로다 (5~6절)

하나님은 고아의 아버지이시다. 과부에게 남편이
없을지라도 하나님은 과부의 재판장이시다. 하나님은
고독한 자들을 같이 살게 하신다. 이것이 크리스천
공동체가 아닐까?

의인은 기뻐하며 하나님 앞에서 뛰놀며 즐거워할지어다 (3절)

어린아이가 베란다에서 나무에 물을 주며 물장난을
하는 모습을 보았다. 그 아이의 모습을 보며 우리도
동일하지 않을까 생각했다. 의인이면 하나님께서 살리시지
않겠는가? 우리는 고아가 아니다. 하나님 안에서 기뻐하며
뛰놀자.

주께서 말씀을 주시니 소식을 공포하는 여자들은 큰
무리라 (11절)

하나님의 말씀은 빌라도, 헤롯, 예루살렘에 있는
제사장도 아닌 빈들에 있는 세례요한에게 임하였다(눅 3:2).
하나님의 말씀은 여성들에게도 임했다. 부활의 기쁜 소식이

일곱 귀신 들렸던 막달라 마리아에게 처음으로 증거된 것이다(눅 20:11-18). 하나님의 말씀이 임하는 사람들은 축복받은 사람들이다. 말씀이 여자들, 연약한 사람들에게 임하셨다. 하나님의 말씀은 권능이며, 군대보다도 강하다.

하나님은 어떤 분이신가?

하나님은 심판주로 임하신다. 주의 심판 날에 성도들은 기뻐하고 하나님 앞에서 뛰놀며 즐거워한다. 왜냐하면 그날은 하나님께서 성도를 구원하러 오시는 날이기 때문이다. 하나님이 앞장서 가신다. 그러나 사람들이 자꾸 앞서 가니 문제가 생긴다. 하나님께서 주의 백성 앞에서 행진하시면 광야 가운데서라도 살 수 있다. 하나님이 앞에 가시면 땅이 진동하고 하늘이 주님 앞에 떨어진다. 하나님은 은택을 내려주시는 분이시다. 주님을 거역하는 자들의 거처는 메마른 땅이지만 주님은 성도들에게 은택을 내려 창조의 복을 누리게 하신다. 주님을 섬기는 사람들은 하나님께서 내리시는 복을 받아 행복을 누리며 살게 된다.

예수님이 말씀하셨다. '심령이 가난한 자에게는 천국을, 애통한 자에게 위로를, 의에 주리고 목마른 자에게는 영적 풍요함을 누리게 되리라'(마 5:1-12). 교회는 가난한 자를 위하여 주의 은택을 나눠주는 곳이다. 하나님은 연약한

자의 손을 들어주신다. 사사기에 나오는 아비멜렉은 그의
형제 70명을 죽이고 왕이 되었으나 결국 여인이 던진
맷돌에 두개골이 깨져서 죽었다. 여자 사사 드보라는
시스라의 철병거를 이겼다. 일곱 귀신 들렸던 막달라
마리아는 부활의 첫 증인이었다. 약한 자가 강한 자를
이기도록 하는 것이 하나님의 법이다. 하나님은 약한 자의
손을 들어주신다.

　　필자가 목회하는 평광교회는 어린 시절부터 다니던
교회다. 어머니는 어려운 삶 가운데서도 늘 철야기도를
다니셨다. 소아마비 아들을 업고 성전 의자에서 주무시며
밤새 철야하곤 하셨다. 어머니의 뜨거운 눈물이 나의 얼굴
위로 떨어지는 것을 자주 경험하였다. 환갑이 지난 지금
어머니가 기도하시던 교회에서 담임목사로 일하고 있다.
어머니의 하나님은 오늘 나의 하나님이다. 이 하나님을
어린 세대에게 물려주기 위해 목사로 일하고 있다.

그럼에도 불구하고,
승리의 노래

여호와는 궁핍한 자의 소리를 들으시며 자기로 말미암아
갇힌 자를 멸시하지 아니하시나니

시편 69편은 '다윗의 시, 인도자를 따라 소산님에 맞춘
노래'이다. '소산님'은 백합화로 번역할 수 있다. 다만 이
꽃이 지금의 백합화인지, 아네모네인지, 아니면 다른 어떤
꽃이었는지 확인할 수 없다. 다만 희망과 승리를 위한
꽃임에는 분명하다. 하지만 현재 상황은 꽃을 들 만한
상황이 아니다. 많은 대적들이 있기 때문이다.

두려움 가운데 드리는 기도

부당하게 나의 원수가 되어 나를 끊으려 하는 자가 강하였으니
내가 빼앗지 아니한 것도 물어 주게 되었나이다 (4절)

대적의 수가 많을 때 두려움을 느낀다. 하지만
역설적이게도 친구가 대적보다 많을 때는 하나님을
신뢰하지 않는 우리를 보게 된다. 원수가 많은 것은
위기임이 분명하지만 동시에 하나님을 바라볼 수 있는
절호의 기회이기도 하다.

주는 나의 우매함을 아시오니 나의 죄가 주 앞에서 숨김이
없나이다 (5절)

자신의 어리석음을 아는 사람들을 지혜자라 부른다.
주 앞에서 우매함을 깨닫는 자, 자신의 죄가 드러남을
알고 사죄의 은총과 지혜를 구하는 자가 지혜자인 것이다.
바라봄은 기도의 다른 표현이다. 그리스도인은 주님을
바라보는 자이다.

주 만군의 여호와여 주를 바라는 자들이 나를 인하여 수치를

당하게 하지 마옵소서 (6절)

여호와여 나를 반기시는 때에 기도하오니 하나님이여 많은
인자와 구원의 진리로 내게 응답하소서 (13절)

대적자들이 많아도 다 주님 앞에 있다. 고난이 아무리
많아도 하나님 앞에 있으면 결국 승리는 우리 것이다. 나를
반겨주시는 하나님 앞에 나아가 주님을 바라보자. 시편
69편은 희망을 노래한다. 절망 가운데 우리는 절대로
망하지 않으며, 오히려 절망은 절대자를 앙망하는 기회가
된다. 고난은 유익이다. 고난으로 인해 주의 율례를 배우기
때문이다.

고난 당한 것이 내게 유익이라 이로 말미암아 내가 주의
율례들을 배우게 되었나이다 (시 119:71)

하나님은 누구신가?

엘로힘(אֱלֹהִים 하나님의 이름)

아도나이 하쉠 쓰바옷(אֲדֹנָי יְהוִה צְבָאוֹת 주 그 이름 전능자)

엘로헤이 이스라엘(אֱלֹהֵי יִשְׂרָאֵל 이스라엘의 하나님)

엘로하이(אֱלֹהַי 나의 하나님)

시인은 물들이 영혼에까지 흘러 들어올 정도의
절망에 처했다(1절). '물먹은 영혼.' 그러나 시인은 인생이
축 처져서 도저히 재기가 불가능하다고 느껴지는 때라도
희망을 잃지 않는다. 그를 구원하시는 하나님이 계시기
때문이다. 믿음의 대상이신 하나님, 더 이상 버틸 수 있는
기반이 없어도 하나님이 붙들어 주신다면 다시 일어날
수 있기에 살 수 있다. 생수의 근원이신 하나님, 목이 말라
죽게 되었을 때 하나님은 생수가 되어 주신다. 주님을
위한 고난은 곧 희망이다. 주를 위하여 비방을 받아 수치가
얼굴을 덮었을지라도 그것이 주님 때문이라면 기뻐하자.
진리를 위한 희생과 봉사, 예수님을 위한 수치와 모멸을
부끄러워하지 말고 오히려 기뻐하자. 하늘의 상이 크기
때문이다(마 5:11-12).

> 사드락과 메삭과 아벳느고가 왕에게 대답하여 이르되
> 느부갓네살이여 우리가 이 일에 대하여 왕에게 대답할
> 필요가 없나이다 왕이여 우리가 섬기는 하나님이 계시다면
> 우리를 맹렬히 타는 풀무불 가운데에서 능히 건져내시겠고
> 왕의 손에서도 건져내시리이다 그렇게 하지 아니하실지라도
> 왕이여 우리가 왕의 신들을 섬기지도 아니하고 왕이 세우신 금
> 신상에게 절하지도 아니할 줄을 아옵소서 (단 3:16-18)

그리 아니하실지라도 나는 주님을 섬기리라.

속히
응답하소서

하나님이여 나를 건지소서
여호와여 속히 나를 도우소서

시편 70편은 다윗의 시로 '기념식에서 영원한
승리를 위하여 부르는 노래'이다. 길이는 다소 짧지만
'기념식(לְהַזְכִּיר 레하즈키르—기억하게 하는)'에서 영원한 승리를
위하여 부르는 노래이다.

무엇을 기념하는가

만일 기념식의 대상이 하나님이라면 어떤 의미로
부르는 노래인지 자명해진다. 주님을 기념하는 노래,
주님이 영광 받으시는 예배를 드릴 때 하나님은 그곳에

강림하여 복을 주신다.

내게 토단을 쌓고 그 위에 네 양과 소로 네 번제와 화목제를
드리라 내가 내 이름을 기념하게 하는(אַזְכִּיר 아즈키르) 모든
곳에서 네게 임하여 복을 주리라 (출 20:24)

다른 하나는 하나님이 우리를 기억하시도록 돕는
예식이다. 이사야 선지자는 말한다.

예루살렘이여 내가 너의 성벽 위에 파수꾼을 세우고 그들로
하여금 주야로 계속 잠잠하지 않게 하였느니라 너희 여호와로
기억하시게 하는 자들아(הַמַּזְכִּרִים 하마즈키림) 너희는 쉬지
말며 또 여호와께서 예루살렘을 세워 세상에서 찬송을 받게
하시기까지 그로 쉬지 못하시게 하라 (사 62:6-7)

본 시편에서 반복되는 단어가 있다.

여호와여 속히 나를 도우소서(1절)
하나님이여 속히 내게 임하소서(5절)
여호와여 지체하지 마소서(5절)

'여호와(יְהוָה 아도나이)'와 '하나님(אֱלֹהִים 엘로힘)'이 대구를 이루고, '속히 임하소서(חוּשָׁה 후샤)'가 두 번 반복, '늦지 말아달라(אַל־תְּאַחַר 알 테아하르)'는 다른 표현으로 마무리된다. 나의 '영혼을 찾는 자들(מְבַקְשֵׁי נַפְשִׁי 메바크쉐이 납쉬)'과 '하나님을 찾는 자들(מְבַקְשֶׁיךָ 메바크쉐이카)'이 대구를 이룬다. 둘 사이의 결과는 자명하다. 뒤로 물러가는 사람들의 결말은 어떻게 될까?

> 나의 영혼을 찾는 자들이 수치와 무안을 당하게 하시며 나의
> 상함을 기뻐하는 자들이 뒤로 물러가 수모를 당하게 하소서
> 아하, 아하 하는 자들이 자기 수치로 말미암아 뒤로 물러가게
> 하소서 (2절)

그렇다면 주를 찾는 자들의 결말은 어떠할까?

> 주를 찾는 모든 자들이 주로 말미암아 기뻐하고 즐거워하게
> 하시며 주의 구원을 사랑하는 자들이 항상 말하기를 하나님은
> 위대하시다 하게 하소서 (4절)

시에서 말하는 하나님은 어떤 분인가?
'건져주시는 하나님(לְהַצִּילֵנִי 레하찔레니)', '도움 되신

하나님(לְעֶזְרָתִי 레에즈라티)', '위대하신 하나님(גָּדוֹל 이그달)',
'구원의 하나님(יְשׁוּעָתֶךָ 예슈앗테카)', '피난처(מְפַלְטִי 메팔티)',
'주님은 여호와(אַתָּה יְהוָה 아타 아도나이).'

시인의 현재 상황은 어떤가?

'가난한 자(עָנִי 오니)', '비천한 자(אֶבְיוֹן 에비욘)', '주님의
구원을 사랑하는 자(אֹהֲבֵי יְשׁוּעָתֶךָ 오하베이예슈아테카).' 실낙원에서
나의 상함을 기뻐하며 나의 영혼을 찾는 자들에 둘러싸일
때 부르는 노래가 시편 70편이다. 어떻게 어려움을
이겨나갈 수 있을까? 주님이 나를 기억하도록 기도해야
한다. 주님은 나의 피난처, 나의 도움, 나의 구원자이심을
노래할 때, 하나님의 구원이 속히 나에게 임하신다.

어린 시절 동생의 죽음을 앞에 놓고 울부짖었다. 광야의
학교에서 어려운 교과목을 해결하기 위해 엎드렸다. 앞길이
막막할 때 하늘 아버지의 한없는 긍휼에 호소하였다.
목회자로서 늘 부족함을 느끼며 주님의 보호하심을
간청한다. 기도는 하나님의 기억을 깨우는 자명종이다.
가련한 우리들을 기억하시도록 만드신 비상벨, 기도.
오늘도 하늘 아버지 앞에 엎드린다.

누가 주와
같으리이까

주 여호와여 주는 나의 소망이시요
내가 어릴 때부터 신뢰한 이시라

시편 71편은 '주님 안에 피난처를 발견해서 숨어
있기 때문에 결코 수치를 당하지 않을 것이라'는 믿음을
보여준다. 제목은 '누가 주와 같으리이까(אֱלֹהִים מִי כָמוֹךָ 엘로힘
미 카모카)'가 어울린다.

시인이 고백하는 하나님은 누구신가?

본 시편에서 참으로 다양하게 시인의 하나님을
설명하고 있다. 이 하나님이 나의 하나님 되심을 감사하며
시를 읽어보자.

'나의 하나님(אֱלֹהַי 엘로하이)', '숨을 바위(צוּר מָעוֹן 쭈르 마온)', '나의 소망(תִּקְוָתִי 티크바티)', '나의 반석(סַלְעִי 쌀이)', '나의 요새(מְצוּדָתִי 메쭈다티)', '내가 신뢰하는 분(מִבְטַחִי 미브타히)', '나의 견고한 피난처(מַחְסִי־עֹז 마하씨 오즈)', '지극히 높으신 분(עַד־מָרוֹם 아드 마롬)', '나를 창대하게 하시는 분(תֶּרֶב גְּדֻלָּתִי 테렙 그둘라티)', '나의 위로자(תְּנַחֲמֵנִי 테나하메니).' 이러한 하나님을 입으로, 입술로, 혀로 노래한다. 내 입으로 주님의 의로우심을 설명하며, 나의 입술이 기뻐 외치며, 나의 혀도 주의 의를 작은 소리로 읊조리니이다.

시인이 드리는 기도를 살펴보자

여호와여 내가 주께 피하오니 내가 영원히 수치를 당하게 하지 마소서 주의 의로 나를 건지시며 나를 풀어 주시며 주의 귀를 내게 기울이사 나를 구원하소서 (1–2절)

나를 악인의 손 곧 불의한 자와 흉악한 자의 장중에서 피하게 하소서 (4절)

하나님이여 나를 멀리 하지 마소서 (12절)

내 영혼을 대적하는 자들이 수치와 멸망을 당하게 하시며
나를 모해하려 하는 자들에게는 욕과 수욕이 덮이게
하소서 (13절)

하나님이여 내가 늙어 백발이 될 때에도 나를 버리지 마시며
내가 주의 힘을 후대에 전하고 주의 능력을 장래의 모든
사람에게 전하기까지 나를 버리지 마소서 (18절)

시인은 응답하시는 하나님을 송축한다

주를 찬송함과 주께 영광 돌림이 종일토록 내 입에
가득하리이다 (8절)

나는 항상 소망을 품고 주를 더욱더욱 찬송하리이다 (14절)

내가 측량할 수 없는 주의 공의와 구원을 내 입으로 종일
전하리이다 (15절)

내가 주 여호와의 능하신 행적을 가지고 오겠사오며 주의
공의만 전하겠나이다 (16절)

폴 투르니에의 '인생의 사계절[16]'처럼 우리의 계절을 모태에서부터 늙어 백발이 될 때까지로 본다면, 겨울이 항상 창대할 수는 없으며, 겨울이 좋기 위해서는 고난을 당해야 한다고 20절은 말씀한다.

우리에게 여러 가지 심한 고난을 보이신 주께서 (20절)

수렁에 깊이 빠지면 빠질수록, 심한 고난을 겪으면 겪을수록 찾아오는 회복은 아름답다. 깊은 수렁에 빠졌으나 몸이 너무 무거워서 빠져 나오지 못할 때 하나님은 대적을 일으키시는 방법을 쓰신다. 대적을 피하려다가 의외의 탈출구를 발견한다는 것이다. 지혜로운 사람들은 대적이 일어남으로 인해 오히려 피난처를 발견한다. 고난은 우리의 잠자는 영성을 깨울 수 있는 좋은 기회이다. 고난이 결코 나쁘기만 한 것은 아니다. 고난에는 목적이, 고통에는 뜻이 있다. 고통의 깊이와 넓이 가운데 하나님이 살리신 경험, 하나님이 땅 깊은 곳에서 끌어올리신 경험을 한 사람들은 하나님을 찬양하며 영광 돌린다. 시인은 고난의 이유에 대해서도 말한다. 고난은 환경 때문이 아니라

---

16   《인생의 사계절》(박명준 옮김, 예수마을, 2015)

사람 때문에 오는 경우가 더 많다. 악인, 굽어진 사람들,
정체 모를 사람들, 초치는 사람들, 장애물이 되는 사람들,
영혼과 육체를 공격할 기회를 엿보는 사람들, 저 사람 언제
망가지는지를 추구하는 사람들. 소돔의 왕 '베라(בֶּרַע 악과
함께)'와 고모라의 왕 '비르사(בִּרְשַׁע 포악과 더불어)'처럼 지도자가
악하면 재앙이 오며, 악을 행하는 사람들, 하나님 앞에
바르지 못한 사람들, 하는 일마다 악담을 퍼붓는 사람들은
의인들에게 고통을 준다. 따라서 시인은 하나님 안에
머무르기로 결심한다. 주님과 같은 분이 누가 있을까?
주님 같은 분은 이 세상에 없다. 이스라엘의 거룩하시며
진리이신 하나님의 구원과 의로우심을 인생의 겨울까지
노래하자.

생의 마지막까지
부를 노래

그 영화로운 이름을 영원히 찬송할지어다
온 땅에 그의 영광이 충만할지어다 아멘 아멘

인생이 마무리되는 시점이 온다. 사명도 끝날 때가
온다. 지금은 마무리를 잘 해야 하는 때이다. 마지막은
어떠해야 할까?

축복의 사람들

그의 이름이 영구함이여 그의 이름이 해와 같이

장구하리로다 (17절)

창세기 12장의 첫 부분은 '레크 레카(לֶךְ־לְךָ)' 즉 '너를 위해 가라. 소명을 받아들이는 것이 너에게 좋다. 본토를 떠나 내가 지시하는 땅으로 가라. 내가 너의 선생이 되어주겠다'라고 해석할 수 있다. 결과는 분명하다. "너를 축복하는 자에게는 내가 복을 내리고 너를 저주하는 자에게는 내가 저주하리니 땅의 모든 족속이 너로 말미암아 복(בְּרָכָה 베라카)을 얻을 것이라"(창 12:3).

우리는 생명의 근원에서 나온 사람들이다. 복으로부터 나왔으니 받은 복을 나누고 가야 한다. 우리로 인해 다른 이들이 복을 받는 것이 우리 인생의 마무리여야 한다.

> 사람들이 그로 말미암아 복을 받으리니 모든 민족이 다 그를 복되다 하리로다 (17절)

마지막 삶의 종착점은 찬양받으실 하나님이시다. 나를 통해 일하셨기 때문이다.

> 이십사 장로들이 보좌에 앉으신 이 앞에 엎드려 세세토록 살아 계시는 이에게 경배하고 자기의 관을 보좌 앞에 드리며 이르되 우리 주 하나님이여 영광과 존귀와 권능을 받으시는 것이

합당하오니 주께서 만물을 지으신지라 만물이 주의 뜻대로
있었고 또 지으심을 받았나이다 (계 4:10-11)

시편 42편부터 시편 72편, 즉 시편의 제 2권 중
'솔로몬의 시'는 이 시뿐이다. 흥미로운 것은 시의 마지막을
"이새의 아들 다윗의 기도가 끝나니라"(20절)로 마무리 짓는
다는 점이다.

'온'은 레바논, 샤론에서 볼 수 있듯이 아들, 도시라는
뜻이다. 히브리어로 '슐로모(שְׁלֹמֹה)'는 하나님의 평화,
하나님의 완전하심이란 뜻이다. 솔로몬은 지혜의 왕이기도
하지만 동시에 분별력을 잃어버린, 결국 이스라엘에
치욕을 안겨준 왕이기도 하다. 왕이 갖추어야 할 덕목은
다음과 같다. 첫째, 가장 중요한 것은 판단력이다. "나의
하나님 여호와여 주께서 종으로 종의 아버지 다윗을
대신하여 왕이 되게 하셨사오나 종은 작은 아이라 출입할
줄을 알지 못하고 주께서 택하신 백성 가운데 있나이다
그들은 큰 백성이라 수효가 많아서 셀 수도 없고 기록할
수도 없사오니 누가 주의 이 많은 백성을 재판할 수
있사오리이까 듣는 마음을 종에게 주사 주의 백성을
재판하여 선악을 분별하게 하옵소서 솔로몬이 이것을
구하매 그 말씀이 주의 마음에 든지라"(왕상 3:7-10).

둘째, 하나님은 세상 왕이 따라야 할 멘토이시다. 지도자들은 하나님을 의식해야 한다. 이것이 지도자들에게 매우 중요한 부분이다. 목회자들은 예수님처럼 삶을 살아야 한다. 셋째, 영광을 하나님께 돌려야 한다. 하나님은 홀로 기이한 일을 행하시는 분이며, 왕은 오직 하나님께서 주신 힘을 행할 뿐이다. 히브리어로 '바룩'은 '무릎을 꿇어 경배를 받으실 만한 분'이라는 뜻이다. 주님은 우리의 경배를, 예배를 받으시기에 합당하신 분이시다. 이스라엘의 하나님 여호와는 복되시다.

히브리어 '오쎄'는 '지금 일하고 계신다'는 뜻을 가진 현재분사이다. 하나님께서는 지금도 기이한 일을 행하신다. 지금도 일하고 계시는 하나님 앞에 무릎 꿇어 경배하라는 것이다. 거룩한 이름에 영원토록 무릎을 꿇어라. 예수의 이름은 귀하다. 예수라는 이름이, 여호와 하나님이라는 이름이 얼마나 귀한지 모른다. 하나님의 이름을 부를 때 참 놀라운 일들이 일어난다. '에흐예 아쉐르 에흐예(אֶהְיֶה אֲשֶׁר אֶהְיֶה I am that I am, 나는 스스로 있는 자이다)'의 이름을 부르면서 엎드리자.

홀로 기이한 일들을 행하시는 여호와 하나님 곧 이스라엘의 하나님을 찬송하며 그 영화로운 이름을 영원히 찬송할지어다

온 땅에 그의 영광이 충만할지어다 아멘 아멘 (18–19절)

하나님 나라에 들어갈 때까지 종교개혁의 5대 강령을 기억하고 실천하자.

Sola Scriptura(오직 성경)

Sola Gratia(오직 은혜)

Sola Fide(오직 믿음)

Solus Christus(오직 그리스도)

Soli Deo Gloria(오직 하나님께 영광을)

부록

시편은 어떤 책인가?

히브리 대학에서 공부를 시작할 때 지도교수였던
모세 바인펠트[17]께서는 '왜 시편을 공부하려 하는가'를
물어보셨다. 그때 나는 '은혜롭기 때문에, 삶에 적용하기
위해서'라고 대답하였다. 물끄러미 바라보시던 교수님은
학위를 마치고 박사 후 과정에서 시편을 공부하는 것이
좋겠다고 조언하셨다. 시편은 계곡을 통과해 정상에 오르는
과정과 유사하다. 처음에는 아주 쉬워 보여도 들어가면
들어갈수록 어려운 것이 시편이다.

시편의 저자는 다윗 외에도 고라 자손, 아삽, 에단,

---

17 Moshe Weinfeld(모세 바인펠트), *Deuteronomy and the Deuteronomic School*
(신명기와 신명기학파), Oxford(1972). *Deuteronomy 1-11*(신명기 1-11장), The
Anchor Bible(1991). *Social Justice in Ancient Israel and in the Ancient Near
East*(고대 근동과 이스라엘에서의 사회 정의), Jerusalem(1995).

심지어 솔로몬과 모세에 이르기까지 다양하다. 장르도
다양하다. 알다스헷에 맞춘 노래, 요낫 엘렘 르호김에 맞춘
노래, 알라못에 맞춘 노래, 여두둔의 법칙에 따라 부르는
노래, 소산님에 맞춘 노래 등이 있다. 시편이 쓰인 상황도
다양하다. 다윗이 아둘람 굴에 있을 때, 사울이 다윗을
죽이려고 집을 지킬 때, 선지자 나단이 다윗을 꾸중하러
왔을 때, 그 외 유대 광야, 성전 낙성가, 왕의 대관식, 바벨론
포로기 등이 있다. 기록된 시기는 어떠한가? 시편은 모세
시대부터 바벨론 포로기까지 약 1,000년에 걸쳐 쓰인
책으로 찬송, 고백, 간구의 내용을 집대성한 것이다. 시편의
히브리어 본문[18]이 밝히는 시편의 절수는 2,527절이다.
시편이란 이름의 뜻은 히브리어론 '트필롯(기도)' 혹은
'테힐림(찬송)', 헬라어론 '쌀모이'로 여기서 영어 Psalms이
나왔다. '쌀모이'는 '수금을 켜며 노래 부른다'는 뜻이다.

유대 광야에서 읽는 시편 23편
시편을 대표하는 시편 23편을 팔레스타인 지방의
고유문화와 시대적 맥락, 언어적 관점에서 읽어보자.

---

18   마소라. 히브리어로 '전통'이라는 뜻을 가진다.

시편 23편의 배경은 어디일까? 다윗이 어린 시절 목동 경험을 했던 고향 유대 땅 베들레헴 광야일까? 사울에게 쫓기며 마음이 상한 자 400명의 우두머리로 있었던 아둘람 굴일까? 어떻게 이런 주옥 같은 시가 지어질 수 있었을까? '고난은 해학과 유머를 양산한다'는 유대인의 격언처럼 다윗의 처절한 삶의 자리가 시편 23편을 낳은 건 아닐까? 시편 23편을 이해하기 위해 먼저 팔레스타인 지방의 삶을 살펴보자.

베들레헴의 아랍어 뜻은 '고기 집'이다. 반면, 히브리어와 아람어 뜻은 '빵 집'이다. 현재 팔레스타인 자치령으로써 인구 이만 오천 명의 작은 도시인 베들레헴은 예루살렘에서 남쪽으로 10킬로미터 떨어진 곳에 위치하고 있다. 히브리 성경에서 베들레헴은 다윗의 도시로 알려져 있고 신약성경은 이곳을 예수 그리스도가 탄생하신 곳으로 기록한다. 현존하는 기독교 도시 중에 가장 오래된 도시인 베들레헴은 역사 속의 부침을 거듭하며 오늘에 이르렀다.

베들레헴은 주후 529년에 사마리아인들에 의해 점령당하였다가 비잔틴 황제 유스티니아누스 1세에 의해 재건축되었고, 637년 아랍의 우마르 이븐 알 카탑에게 다시 점령당하였다. 이후 장소의 종교적인 자유가 보장되었으나 1099년 십자군이 도시를 점령한 후 요새화

되었고 희랍(그리스) 정교회 신부들은 라틴 신부들로
대치되었다. 그 후 이집트, 시리아의 술탄인 살라딘에 의해
도시가 재점령되었고 라틴 신부들은 모두 베들레헴에서
추방되었다. 1250년 마무룩 왕조에 의해 훼파된 도시
벽들은 오토만 제국에 이르러서야 다시 재건된다. 그
후 오토만 제국과 영국과의 도시 쟁탈전이 지속되다가
1948년에 이르러서는 아랍과 이스라엘의 전쟁 결과로
요르단에 병합되었고, 1967년 '6일 전쟁(제3차 중동 전쟁)' 때
이스라엘에 점령당한 후로는 현재는 팔레스타인 자치
정부에 의해 통치되고 있다. 대다수 주민이 무슬림이나
여전히 베들레헴은 팔레스타인 기독교인들의 고향으로
여겨진다. 팔레스타인의 주요 경제는 예수님이 태어나신
교회를 찾는 전 세계 순례객들에게 전적으로 의존하고
있다. 유대인과 관련된 유적은 라헬의 무덤으로 베들레헴
입구에 위치하고 있다.[19]

다시 시편 23편으로 돌아와 보자. 시편 23편은
유대인만을 위해 쓰인 시일까? 다윗의 계보를 통해 보면
그렇지 않다는 것을 알 수 있다. 유대인 살몬과 가나안 기생
라합의 결혼, 그의 자손 유대인 보아스와 모압 여인 룻의

---

19   위키피디아 '베들레헴' 필자 번역

결혼을 통해 알 수 있듯이 다윗 가문의 기초는 유대인과 이방인의 결합이었다. 오늘날 팔레스타인이 무슬림과 아랍 그리스도인으로 가득 차 있기 때문에 정통 유대인 입장에서는 베들레헴이 더 이상 자신과 무관한 장소로 느껴질지도 모르지만, 다윗의 계보를 통해 하나님께서는 이미 유대인과 이방인의 혈통을 섞어 놓으셨다는 것을 알 수 있다. 단, 이방인이 야훼 하나님을 신앙하기로 결단한다면 말이다.

이번에는 히브리어로 시편 23편을 읽어보자.

〈시편 23편—다윗에게 속한 노래〉
1절
여호와는 나의 목자(친구)이시니 내가 결핍을 경험하지 않으리로다.

(יְהוָה רֹעִי לֹא אֶחְסָר 아도나이 로이 로 에흐쏘르)

2절
푸른 초장에 나를 눕게 하실 것이다.

(בִּנְאוֹת דֶּשֶׁא יַרְבִּיצֵנִי 빈옷 데쉐 야르비쩨니)

쉴 수 있는 물가로 나를 인도하실 것이다.

(עַל־מֵי מְנֻחוֹת יְנַהֲלֵנִי 알메이 메누홋 예나할레이니)

3절

내 영혼에 기운이 돌아올 것이며

(נַפְשִׁי יְשׁוֹבֵב 납쉬 예쇼벱)

의의 길들로만 나를 인도하시리라 그분의 이름을
위하여.

(יַנְחֵנִי בְמַעְגְּלֵי־צֶדֶק לְמַעַן שְׁמוֹ 얀헤니 베마아글레이 쩨덱 레마안 슈모)

4절

만일 내가 죽음의 골짜기를 지나가야만 한다 해도
어떤 재앙도 두려워하지 않을 것이다.

(גַּם כִּי־אֵלֵךְ בְּגֵיא צַלְמָוֶת לֹא־אִירָא רָע 감키 엘렉 게 짤마벳 로 이라 라아)

당신께서 나와 함께하신다.

(אַתָּה עִמָּדִי 아타 임마디)

주님의 막대기와 주님의 지팡이, 그것들이 나를 위로할
것이기에.

(שִׁבְטְךָ וּמִשְׁעַנְתֶּךָ הֵמָּה יְנַחֲמֻנִי 쉬브테카 우미슈안테카 헴마 예나하무니)

5절

내 원수들이 보는 앞에서 내 앞에다 상을 차려주실

것이다.

(תַּעֲרֹךְ לְפָנַי שֻׁלְחָן נֶגֶד צֹרְרָי 타아록 레파나이 슐한 네게드 쪼레라이)

기름을 내 머리에 발라주셨으니

(דִשַּׁנְתָּ בַשֶּׁמֶן רֹאשִׁי 디샨타 바쉐멘 로쉬)

나의 잔[20]이 넘치나이다.

(כּוֹסִי רְוָיָה 코씨 레바야)

6절

게다가 좋은 것과 자비로움이 내 평생 나를 따라올 것이며

(אַךְ טוֹב וָחֶסֶד יִרְדְּפוּנִי כָּל־יְמֵי חַיָּי 악 톱 바헤쎄드 이르데푸니 콜 예메이 하야이)

나는 여호와의 집으로 돌아와 앉아 지금부터 영원히 있겠다.

(וְשַׁבְתִּי בְּבֵית־יְהוָה לְאֹרֶךְ יָמִים 베샤브티 베베이트 아도나이 레오렉얌밈)

주해—시편 23편의 두 가지 위대한 선언

—여호와는 나의 목자시니 (1절)

몽골 울란바토르 국제대학에는 200만 평의 농장이

---

20   헬라어70인경은 주의 잔으로 번역한다.

있다. 그곳에서 기르는 가축에 대한 보고서를 접했다.
양의 경우 100마리를 구입해서 길렀는데 1년이 지난 뒤
질병으로 14마리가 폐사했고, 늑대의 습격으로 11마리가
죽임을 당했으며, 11마리는 다른 곳으로 팔려갔다고
한다. 우리는 광야를 살아가는 양과 같다. 낮의 더위와
밤의 추위, 질병과 늑대의 발톱이 도사리고 있는 지뢰밭과
같은 수렁에서 온갖 역경을 헤치고 전진해야만 하는 것이
우리네 삶이다. 어떻게 헤쳐 나가야 할까? 다윗의 고백처럼
여호와를 나의 목자로 모시고 살아가야 하지 않을까?

> 나는 선한 목자라 나는 내 양을 알고 양도 나를 아는 것이
> 아버지께서 나를 아시고 내가 아버지를 아는 것 같으니 나는
> 양을 위하여 목숨을 버리노라 (요 10:14-15)

―푸른 풀밭에 누이시고 (2절)
   푸른 풀밭의 히브리어 원문은 아늑하고 포근한
초장을 그린다. 배경으로는 주변에 흐르는 쉴 만한 물가가
등장한다. 문제는 광야에 이런 초장과 물가가 있느냐
것이다.
   히브리어로 2절의 첫 번째 동사는 '야르비쩨니'이다.
이것의 의미는 '나를 눕게 하신다'이다. 현대 히브리어에서는

이 단어에 전치사 '라메드'를 붙여 '아이를 훈육한다'는
의미로 사용한다. 즉 '야르비쩨니'의 뜻은 우리가
최종적으로 쉴 만한 물가와 푸른 초장에 당도할 수 있도록
때때로 주께서 사랑의 막대기로 우리를 치신다는 의미일 수
있다. 시편 기자는 고백한다.

> 여호와여 주로부터 징벌을 받으며 주의 법으로 교훈하심을
> 받는 자가 복이 있나니 이런 사람에게는 환난의 날을
> 피하게 하사 악을 위하여 구덩이를 팔 때까지 평안을
> 주시리이다 (시 94:12-13)

> 고난 당하기 전에는 내가 그릇 행하였더니 이제는 주의 말씀을
> 지키나이다 …… 고난 당한 것이 내게 유익이라 이로 말미암아
> 내가 주의 율례를 배우게 되었나이다 (시 119:67, 71)

광야에서 주님은 말씀하신다.

> 여호와의 손이 짧으냐 (민 11:23)

> 마침내 위에서부터 영을 우리에게 부어 주시리니 광야가
> 아름다운 밭이 되며 (사 32:15)

광야와 메마른 땅이 기뻐하며 (사 35:1)

너희는 먼저 그의 나라와 그의 의를 구하라 그리하면 이 모든
것을 너희에게 더하시리라 (마 6:33)

―쉴 만한 물 가로 인도하시는도다 (2절)
　2절의 두 번째 동사 '예나할레니'의 의미는 '나를 마치
물 흐르듯 인도하실 것이다'라는 뜻이다. 물은 자연스레
흐르다가도 돌을 만나면 굽어지고 흙을 만나면 더러워진다.
인생길도 마찬가지다. 물 흐르듯 순탄치만은 않다. 하지만
선한 목자께서 우리 삶을 인도하신다는 것을 믿는 시편
기자는 이렇게 고백한다.

의인은 고난이 많으나 여호와께서 그의 모든 고난에서
건지시는도다 (시 34:19)

　정리해보자. 시편 23편은 두 가지 위대한 선언을 한다.
첫째, 여호와는 나의 목자이시다. 둘째, 주님께서 나와
함께하신다. 결과는 무엇인가? 내 영혼이 소생케 되고
나의 잔이 넘치며, 주의 선하심과 인자하심이 나를 따라올
것이다.

시편 23편 방언 버전

바벨탑 사건 전에는 온 땅에 구음이 하나였으나, 지금은 다양한 언어, 그로 인한 서로간의 소통의 부재 등으로 많은 갈등이 일어난다. 오순절 성령 강림 사건은 나뉘어 찢긴 우리를 하나로 묶는 일치와 화해의 역사였다. 언젠가는 다윗의 시편도 다양한 방언으로 뜻과 마음을 모아 함께 합창할 날이 오지 않을까? 이런 기대와 소망을 따라 여러 방언으로 시편 23편을 수록해본다. 도움 주신 각 지역 분들에게 감사드리며, 그날을 기다리는 마음으로 다양한 시편 23편 방언을 소개한다.

〈시편 23편의 충청도 버전〉
여호와는 염생이 같은 지를 키우시고 멕이시는 분이시니 지가 부족한 것이 없네유. 그분이 지를 무지무지 파란 풀밭에 어푸러지게 하시며 니나노하기 딱 좋은 둠벙 가생이로 인도하여주셔유. 지 영혼을 살려주시구유. 그분의 함짜를 위하여 의의 질루 인도하시는 것이지유. 지가 죽어 나자빠질도 모를 깡깜하고 칙칙한 골짜구니로 댕겨두 해꼬지를 무서 않는 것은 주님께서 지와 같이 하시기 때문이지유. 하마 주님의 지팽이와 막대기가 지를 지켜주시네유.

주님께서 지 웬수의 면전에서 상다리가 부러질 정도로
잔치를 여시구 지름으로 지 머리에 발라주시니 지가 몸 둘
바를 모르겠네유. 시방두 지 잔이 넘치네유. 지 평생동안
선하심과 인자하심이 참말루 지를 따라댕길 모냥이니 지가
여호와의 집에 아예 푹 눌러 살 것이유.

〈시편23편 경상도 버전〉

여호와가 내 목자 아이가! 내사 마 답답할 끼 없데이.
시-퍼런 풀구딩에 내디비지고 저 쓴한 또랑가로 낼로
이끈신데이. 내 정신챙기시사 올케 살라카심은 다
저 그 체면 때문이라카네. 내 죽을 뻔한 골짜구 디기
껌껌한데서도 간띠가 부어 댕길 수 있음은 그 빽이 참말로
여간 아이라! 주의 몽디와 짝대기가 낼로 지키시고 내
라이벌 죽일 놈 문디자슥 앞에서 낼로 팔팔 키워 주시네. 내
인생이 아무리 복잡타 캐싸도 저 양반이 맨날 지키줄끼니까
내사 우짜든지 그 옆에 딱 붙어갓고 죽어도 안 떠날란다.

〈전라도 버전〉

아따! 여호와가 시방 나의 목자신디 나가 부족함이
있겄냐? 그분이 나를 저 푸러브른 초장으로 뉘어불고
내 삐친 다리 쪼매 쉬어불게 할라고 물가시로

인도해뿌네!(어째스까 징한그) 내 영혼을 겁나게 끌어
땡겨불고 그분의 이름을 위할라고 올바러븐 길가스로
인도해부네!(아따 좋은그) 나가 산꼬랑가 끔찍한 곳에 있어도
겁나불지 않은 것은 주의 몽뎅이랑 짝대기가 쪼매만한
일에도 나를 지켜준다 이거여! 아따! 주께서 저 싸가지 없는
놈들 앞에서 내게 밥상을 챙겨주시고 내 대그빡에 지름칠해
주싱께로 참말로 나가 기뻐블그마이... 내가 사는 동안 그
분의 착하심과 넓이브른 맴씨가 나를 징하게 따라당깅께로
나가 어찌 그분의 댁에서 묵고 자고 안 하겄냐!(아따 좋은그)
아멘이어부요!

〈평양 버전〉[21]
아 여호와가 내 목잔데 뭐-이가 부족하간? 거저
시-퍼런 풀밭에 쉬라딜 않나 목마르문 거저 물가로
데리가딜않나야. 뭐-이가 부족하간? 내 이 영혼 소생시켜
주시디, 거저 똑바루 살라 하시디, 긴데 건 자기 이름 땜에

---

21   탈북한 분들의 자문을 받아 보니 위의 버전은 평양 외곽 신의주 근방에서
      어르신들이 소통하는 언어로 확인되었다. 영변약산 진달래의 김소월과 동향인
      피난민들이 개척한 평광교회의 원래 이름은 평북교회였다. 평양에서 성찬식을,
      묘향산에서 부흥회를, 금강산에서 수련회를, 백두산 천지연못가에 발 담그며
      찬양을, 개마고원에 선교센터를 건설하고 북한 전역에 나무를 심어 주님을 섬기는
      고을로 만드는 꿈을 꾸어본다.

기러시는 거래두만. 음침한 골짜기 가봔? 넷날엔 거이
무서워뜨랜는데 거 이젠 하나두 안 무서워야. 거 주님이
거저 지팡이랑 막대기! 거이루 지켜주디 않니? 거저 나
안-심이야 거럼! 보라우 거 아구 악-척같은 웬수놈들
있디? 아 그놈들 보란듯이 거-저 아, 우리 주님이 내
앞에다 거저 잔치상을 떡!하니 벌려주디 않앗간? 거저
잔이 콸-콸 넘치게 따라주시면서 거저 귀한 손님 대접하듯
하는 거야. 기리니끼니 거저, 생각해 보라우. 얼-마나
이 속이 시원했간, 이? 기티 않았어? 긴데다가 야 또
보라우. 기거이 한번만 기러는거이 아니래야. 거저 내 평생
내편이래야. 내래 거저 평-생 우리 여호와 하나님 집에
살기루 해서.

〈새터민 자매의 시편 23편〉[22]
    여호와는 나의 목자 아쉬울 것 없어라. 푸른 풀밭에
누워 놀게 하시고 물가로 이끌어 쉬게 하시니 지쳤던 이
몸에 생기가 넘친다. 그 이름 목자이시니 인도하시는
길 언제나 곧은길이요. 내 비록 음산한 죽음의 골짜기를

---

22   이 시는 중국 인신매매단에 끌려가 모진 고통 끝에 대한민국의 품에 안긴 탈북
      새터민 자매 버전의 시편 23편이다.

지날지라도 내 곁에 주님 계시오니 무서울 것 없어라.
막대기와 지팡이로 인도하시니 걱정할 것 없어라.
원쑤를 보라는 듯 상을 차려주시고 기름 부어 내 머리에
발라주시니 내 잔이 넘치옵니다. 한평생 은총과 복에 겨워
사는 이 몸 영원히 주님 집에 거하리이다.

조성욱의 시편 산책

Walking with the Psalms 42~72

지은이 조성욱
펴낸곳 주식회사 홍성사
펴낸이 정애주
국효숙 김의연 박혜란 손상범
송민규 오민택 임영주 차길환

2022. 4. 15. 초판 발행   2024. 5. 30. 4쇄 발행

등록번호 제1-499호 1977. 8. 1.
주소 (04084) 서울시 마포구 양화진4길 3   전화 02) 333-5161   팩스 02) 333-5165
홈페이지 hongsungsa.com   이메일 hsbooks@hongsungsa.com
페이스북 facebook.com/hongsungsa
양화진책방 02) 333-5161

ⓒ 조성욱, 2022

• 잘못된 책은 바꿔 드립니다.   • 책값은 뒤표지에 있습니다.

ISBN 978-89-365-1523-2 (03230)